毎日がときめく
ひとりごはん
（ときどき、ふたりごはん）

藤本早苗

家の光協会

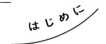

「はじめまして」な方も、「こんなところでお会いできるとは!」な方も。
"さなえごはん"こと、藤本早苗です。

　人一倍の食いしん坊気質から、少し変わった材料の組み合わせや調理法のレシピを妄想しては作るのが、いつの間にやらライフワークに。

　それが「おいしくできた……!」となったときの「ときめき」は、淡々と続く日常のはしっこを、少しきらりとさせてくれるような気がしていて。
　そして、それって、見てくださる方の、毎日を頑張るきっかけになれるかも?と、図々しくも思ったりして。
　そんな思いで、レシピを考え続けてきました。

　この本では、そんな「ときめき」をハードル低くお届けするべく、一見、手間がかかりそうに見える料理も、必要最小限の工程でレシピに仕立てています。

　まずは、「混ぜるだけ、焼くだけ」の手軽な一品から。
　「これをレシピと呼んでいいのか?」とためらったくらいのものも多く盛り込んでいます。組み合わせの妙を楽しんでみてください。

　もし、レシピの中で、使い慣れない食材やスパイス、ハーブと出会ったなら。
　それをいつものスーパーで、探すことから楽しんでみませんか? 今まで気に留めていなかった棚に、きっと置いてあるはず。
　使い回しできるよう、複数のレシピに登場させているので、気負わず挑戦してもらえたら嬉しいな。

　そうやって料理が楽しくできたら、今度はお気に入りの器を探してみたり、盛り付けに凝ってみたり、スタイリングも楽しんでみて。
　おいしく作れたときはもちろん、見た目が自分好みに仕上がっていると、写真を撮っているときにも、わたし自身かなり気分が上がります。
　「この料理、わたしが作ったなんてすごい!」と、どうぞ自分を楽しませることをいちばんに、失敗も愛しながら工夫を重ねてみてくださいね。

「今日は、帰ったらあれを作ってみよう」というときめきが、みなさんのその日一日を支えられたら、それこそがわたしの本望です。

Contents

- 2 　はじめに
- 6 　この本の使い方

Part.1

「大好きなひと皿」を見つけよう

〈フライパンひとつで。〉
- 8 　チキンソテー
　　　ナツメグ風味の焼きトマトと
- 10　キャベツのステーキ
　　　クミンレモンクリームソース

〈煮込み料理は気軽に。〉
- 12　手羽元とれんこんの
　　　白ワイン煮込み
- 14　ボイルいかのトマトジンジャー煮

〈香り野菜をたっぷりと。〉
- 16　鯛のカルパッチョ
　　　パクチーとキウイのソース
- 18　春菊のライムサラダ
- 19　搾菜（ザーサイ）と茗荷だれの豚しゃぶ

〈のせるだけ、和えるだけで。〉
- 20　スクランブルエッグ
　　　生ハムとマッシュルームのせ
- 22　いちごとカルダモンのカプレーゼ
- 23　オレンジと山椒のカプレーゼ

「ときめくレシピ」のポイント
- ・まずはスパイスをひとつ、買ってみよう
- ・「スープのもと」はなくても大丈夫

Part.2

毎日の料理にときめきを！

- 26　塩鯖のトマトバルサミコソース
- 28　チキンとしめじの
　　　クリームマスタード煮
- 30　ささ身のフリット　アボカドときゅうり、
　　　ディルのタルタルソース
- 32　豚こま団子と茄子の五香粉（ウーシャンフェン）照り焼き
- 34　海老とズッキーニの
　　　ハーブパン粉焼き
- 36　牛肉のヌクチャム風サラダ
- 38　鮭の白ワイン蒸し
　　　椎茸（しいたけ）ナツメグクリームソース
- 40　ピーマンとひき肉のミント炒め
　　　ヨーグルトソース
- 42　ゆで鯛　山椒味噌ほうれん草添え
- 43　たこの茗荷まみれ
- 44　ブロッコリーのビスマルク風
　　　焦がしバターアンチョビソース
- 46　梅トマトだれのいかそうめん
- 47　ゆで卵のピータン豆腐風
- 48　ししゃもスイートチリ南蛮
- 49　梨の柚子胡椒マリネ
- 50　焼き茄子といちじくの
　　　メープル白ごまソース
- 52　いんげんとじゃがいもの
　　　大葉ジェノベーゼ
- 54　しらすとピーマンのタルティーヌ
- 55　人参のクミンバタータルティーヌ

「ときめくレシピ」のポイント
- ・すっきり、手際よく、調理するために
- ・あると便利な調理道具たち
- ・わたしの頼れる冷凍ストック
- ・「おいしそう」を引き出す、盛り付けのコツ
- ・へとへとの日は
　「とりあえず、焼いて塩」がおすすめ
- ・お気に入りの器で、もっとおいしく
- ・SNSを上手に使って

Part.3

ほっとする料理 スープ・パスタ・ごはん

〈スープ〉
- 60 豆腐鹹豆漿（ジェントウジャン）
- 62 セロリとコンビーフの
　　ローズマリートマトスープ
- 64 手羽先とにらの春雨スープ
- 65 キャベツと玉ねぎ、
　　ベーコンのクミンバタースープ

〈パスタ〉
- 66 パセリとアーモンドの
　　サルシッチャパスタ
- 68 甘栗と舞茸の
　　ゴルゴンゾーラクリームペンネ
- 70 海老とカッテージチーズ、
　　ディルのペリメニ
　　レモンバターカルダモンソース
- 72 トマトとにんにくのクルダイオーラ
- 73 茗荷とたらこのクルダイオーラ

〈ごはん〉
- 74 しらすと山椒のリゾット
- 76 かぼちゃとベーコン、シナモンのリゾット
- 77 チキンとズッキーニの
　　ジンジャーカルダモンリゾット
- 78 蒸し煮スパイスチキンカレー
- 80 豚こまとごぼうのルーローハン
- 81 あさりとたら、
　　三つ葉のナンプラースープごはん

「ときめくレシピ」のポイント
- ・覚えておきたい火加減・水加減
- ・献立上手になるには

Part.4

明日は、ふたりごはん

〈特別な日のふたりごはん〉
- 84 牛肉のタリアータの献立
  - ・牛肉のタリアータ
  - ・いんげんのミントバター
  - ・白菜とくるみのサラダ
　　ハニーゴルゴンゾーラドレッシング
- 88 牡蠣とマッシュルームのチャウダーの献立
  - ・牡蠣とマッシュルームのチャウダー
  - ・れんこんのメープルバルサミコ
  - ・大根とスモークサーモンの
　　ケッパーマリネ
- 92 スペアリブとグリーンピースの
　　ビネガー煮の献立
  - ・スペアリブとグリーンピースの
　　ビネガー煮
  - ・紫キャベツとレーズンの
　　マスタードマリネ
  - ・アボカドペンネ

〈なんでもない日のふたりごはん〉
- 96 カオマンガイ風ゆで鶏の献立
  - ・カオマンガイ風ゆで鶏
  - ・鶏出汁の搾菜卵スープ
  - ・まぐろのスパイシーポキ
- 100 ポークソテー
　　りんご×ジンジャー添えの献立
  - ・ポークソテー　りんご×ジンジャー添え
  - ・ベーコンミルクマッシュポテト
  - ・桜海老とカッテージチーズのサラダ
- 104 ぶりのアクアパッツァの献立
  - ・ぶりのアクアパッツァ
  - ・ウフマヨ
  - ・ほたてのきゅうり柚子胡椒ソース

- 108 おわりに
- 110 食材別索引

失敗を防ぐために

まずはレシピをじっくり読んでみて

ざっと眺めただけで調理に入ってしまう人も多いのですが、まずはじっくりと読み込んで、頭の中で段取りを組み立ててみて。使う調理器具と器は事前に出しておき、食材や調味料はあらかじめ分量を量っておくと、あわてず効率よく作業できます。

調理中はかならず味見を！

料理をする上で、とても重要なのが「味見」。味が薄いときには調味料を足せますが、濃すぎる味付けを後から「薄くする」のは至難の業です。だからこそ、調理の途中で何度か立ち止まり、味の具合を見ながら調整していくのがおすすめです。

レシピ表記と異なる分量で作りたい場合

「1人分」と記載されているレシピを2人分作りたい場合、単純に材料を倍にすればいい料理もありますが、煮物などの場合、思った以上に濃い味付けになってしまうことも……。1.5倍くらいの調味料で作ってみて、後から調整しましょう。慣れない人はまず、レシピ通りに作ることから始めるのがベター。

この本の使い方

- 大さじ1は15mL、小さじ1は5mL、1カップは200mLです。
- 野菜は特別な指示がない限り、ヘタや皮を取り除いています。
- フライパンは直径20cmと24cmのフッ素樹脂加工のもの、鍋は直径18cmの片手鍋を使用しています。
- 電子レンジの加熱時間は600Wを基準にしています。500Wの場合は、加熱時間を1.2倍にしてください。機種によって差がありますので、レシピに記載した加熱時間を目安に様子をみながら加熱してください。
- 材料中のオリーブオイルはエクストラバージンオイル、揚げ油・植物油はこめ油、バターは有塩バター、生クリームは乳脂肪分35％のもの、ナッツは無塩・素焼きのものを使用しています。
- 酒は、塩分の含まれていない清酒を使用しています。市販の料理酒には塩分が含まれているものが多いので、使用する場合は、味を見ながら塩分を調整してください。
- にんにくは1片＝約5g、しょうがは1片＝約15gです。参考にしてください。
- 塩やこしょうの「少々」は、親指と人さし指でつまんだ分量で、0.4g程度。「ひとつまみ」は、さらに中指を加えた3本の指先でつまんだ分量で、おおよそ0.6gです。
- 「適量」は、調味料の場合、味見をしながらちょうどいい加減の量に調節すること。添え物の場合、バランスよく量を調節すること。揚げ油の場合、鍋やフライパンの大きさに応じて分量を決めるという意味です。

Part.

1

「大好きなひと皿」を見つけよう

まずはわたしがいつも
くり返し作っている10皿から。
ちっとも特別な料理じゃないし、
むしろ焼くだけ、のせるだけの
手軽なレシピばかり。
その気楽さゆえに、
また、あれ作ろう！と
毎回思ってしまうのです。
何度作っても、いつ食べても、
気分が上がる。
あなたにとってもそんな
ひと皿になりますように。

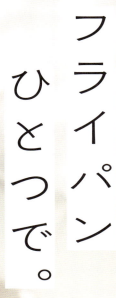

フライパンひとつで。

お疲れぎみのＥだって、きちんと食べたい。
そんなときこそフライパンの出番です。
お肉でも魚、野菜でも。メインの食材を色よく焼いて、
そのままソースを仕上げれば、
簡単なのにごちそう感のあるひと皿が完成。
忙しい毎日の、頼れる相棒です。

チキンソテー
ナツメグ風味の焼きトマトと

「わたしの定番」と言えるくらい、何度も作り続けているチキンソテー。
フライ返しで押さえながら焼くことで、皮はぱりっと、
お肉はジューシーに仕上がります。焼いてとろけたトマトをソース代わりに。

材料 | 1人分

鶏もも肉(小) ……………………… 1枚(200g)
塩(下味用) ………………… 2g (肉の重量の1%)
トマト ……………………………………… ½個
ナツメグパウダー・塩 ………………… 各少々

memo

鶏肉とトマトという定番の組み合わせにナツメグをひとふりすることで、深みのあるスパイシーな香りが加わって、こっくりとした味わいに。付け合わせは焼きトマトのほか、ほうれん草やきのこのソテーも◎。

作り方

1. 鶏肉は両面に塩をふる。トマトは1.5cm幅の輪切りにする。

2. フライパンに油を引かず、1の鶏肉を皮目を下にして入れ、中火にかける。じゅわじゅわと音がしてきたら、フライ返しで全体をしっかり押さえ、弱火にする。

  > 皮目全体をフライパンに押し当てることで皮が均一に伸び、クリスピーな食感に。肉が縮まなくなるまで、ぎゅーっと押し付けて。

3. フライパンの隙間にトマトを並べ入れる。途中で一度ひっくり返し、両面がこんがりと焼けたら取り出して器に盛る。

4. 皮目にこんがり焼き色がつき、肉に7割ほど火が通ったら、ひっくり返して2〜3分焼く。火を止め、そのまま余熱で3分ほど火を通す。ⓐ

5. 皿に盛り、焼いたトマトにナツメグと塩をふる。トマトを崩し、肉にからめながらいただく。

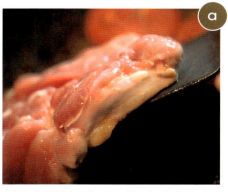

皮目から7割くらいまで白っぽい色に変わったら、ひっくり返すタイミング。表面はまだ生っぽい色でOK。

Part.1

「大好きなひと皿」を見つけよう

キャベツのステーキ
クミンレモンクリームソース

じっくり焼いて甘みを引き出したキャベツが主役です。
ナイフとフォークで、ちょっぴりおめかし仕様。甘みの強い春キャベツを
使うのがおすすめですが、もちろん普通のキャベツでも、白菜で作っても
おいしい。クミンシードの刺激的な香りと食感がいいアクセントに。

材料 | 1人分

キャベツ ………………………… 1/8〜1/6個（150〜200g）

〈クミンレモンクリームソース〉
　クミンシード ………………………………… 小さじ1/2
　生クリーム …………………………………… 1/4カップ
　レモン汁 ……………………………………… 小さじ1/2
　塩 ……………………………………………… ひとつまみ
　オリーブオイル ……………………………… 小さじ1

オリーブオイル

\\ memo //

インド料理でおなじみの「クミンシード」。カレーをはじめ煮込み料理や炒め物、揚げ物の香りづけによく使われますが、こんなふうにクリーム系の料理と合わせても新鮮なおいしさに。調理する際は、低温の油でじっくりと炒めて香りを引き出すのがコツです。

作り方

1　キャベツは芯をつけたまま、くし形切りにする。

2　フライパンにオリーブオイル大さじ1/2とキャベツを入れ、中火にかける。じゅわじゅわと音がしてきたら水大さじ3を回しかけ、沸騰したらふたをして弱めの中火にする。

3　10分ほど蒸し焼きにし、こんがりとした焼き色がついたらひっくり返し、ふたをする。さらに1〜2分焼いて、焼き色がついたら器に取り出す。

4　ソースを作る。同じフライパンをキッチンペーパーで拭き、ソース用のオリーブオイル、クミンシードを入れて弱火にかける。クミンシードの周囲が泡立って香りが立ち、軽く色付いてきたら、生クリーム、レモン汁を加え、とろみがつくように混ぜる。塩で味をととのえ、3のキャベツにかける。

このとき、クミンシードを焦がさないよう注意！

レモンの酸で生クリームのたんぱく質が固まってとろみが出ます。

11

煮込み料理は気軽に。

寒い季節に食べたくなる煮込み料理。
じっくり時間をかけて作るのもいいけれど
材料選びや調理法を少し工夫すれば
短い時間でも食材のおいしさを引き出せます。
キッチンに広がる香りも魅力のひとつ。
気負わず作って、楽しんでみて。

Part.1 「大好きなひと皿」を見つけよう

手羽元とれんこんの白ワイン煮込み

フライパンで煮込むからとっても手軽な一品。
ほくほくのれんこんはもちろん、骨付き肉のうまみが染み出た
おいしいスープもお楽しみ。手羽元にしっかり焼き目をつけてから
煮込むことで、コクたっぷりに仕上がります。

材料 | 1人分

鶏手羽元	4本
れんこん	100g
塩（下味用）	ふたつまみ
白ワイン	1/2カップ
タイム	3本
塩　オリーブオイル　粒マスタード	

memo

塩と白ワインのシンプルな煮込みは、他の材料でもおいしく作れます。鶏もも肉・豚肩ロースといった、ある程度厚みのあるお肉と、かぶや玉ねぎの組み合わせがおすすめ。粒マスタードはたっぷりが好きです。

作り方

1. れんこんは1cm厚さの輪切りにし、手羽元とともに下味用の塩をふる。

2. フライパンにオリーブオイル大さじ1/2を引き、1を並べ入れて中火にかけ、両面に焼き目がつくまで焼く。

3. 白ワインを入れ、沸騰したら水1/2カップとタイムを加える。再び沸騰したら、水面がふつふつするくらいの火加減に調整し、ときどき肉を返しながら12分ほど煮る。

4. 塩で味をととのえてスープとともに器に盛り、粒マスタード適量を添える。

> 煮汁の表面が軽く泡立つ程度の火加減で、「弱めの中火」くらいが目安。煮汁を煮立たせないので肉の水分が保たれ、硬くなりにくい。

ボイルいかの
トマトジンジャー煮

相性抜群のいかとトマトの組み合わせに、しょうがの爽やかな
風味を効かせて。ごはんにもパンにも、パスタにも合う万能煮込みです。
ボイルいかは下ごしらえ不要で頼れる食材。
仕上げにのせたナッツとの食感の違いも楽しい。

材料 | 1人分

ボイルいか	80g
玉ねぎ	¼個
しょうが	5g
トマト水煮(カットタイプ)	100g
（またはトマトペースト大さじ1）	
白ワイン	大さじ1
砂糖	少々
塩　オリーブオイル	
好みのナッツ　温かいごはん	

\\ memo //

定番のトマトソースやトマト煮込みも、しょうがなどの香味野菜やナツメグ、シナモンなどのスパイスをちょっと足してみると、いつもと違う雰囲気に。日々の料理に変化がつきます。生クリームや牛乳、豆乳と合わせてトマトクリームっぽくしても。

作り方

1　玉ねぎはみじん切りにする。しょうがはすりおろす。ナッツ適量は粗く刻む。

2　フライパンに玉ねぎ、塩ひとつまみ、オリーブオイル大さじ½を入れて中火で炒める。玉ねぎに透明感が出てくたっとしてきたら、いかとしょうが、トマト水煮を加えてざっと混ぜ、白ワインをふる。

3　沸騰したら水¾カップを加えて、水面がふつふつするくらいの火加減で10～12分ほど、とろみが出るまで煮込む。塩少々と砂糖で味をととのえる。

> この砂糖は甘みを出すためではなく、コクを出すために加えます。トマト料理に少しの砂糖を加えると酸味の角が取れ、バランスの良い味に。

4　ごはん適量と一緒に器に盛り、ナッツを散らす。ⓐ

刻んだナッツが食感のアクセントに。サラダに散らしたり、ミートボールに練り込んで洋風の煮込みにしたりと、使い道はいろいろ。

香り野菜をたっぷりと。

春菊の柔らかな苦みや
パクチーの刺激的な青い香り。
それぞれの個性をたたえた香り野菜は
どこか知らない異国のムードを
テーブルに運んでくれるような。
脇役じゃなく、大胆に
主役使いでたっぷり食べたい。

鯛のカルパッチョ
パクチーとキウイのソース

生の魚介料理を作るときは、「塩締め」を覚えておくと役立ちます。
余分な水分と臭みが抜け、もっちり、ねっとりとした食感に。
パクチーとキウイフルーツを合わせた甘酸っぱいソースで、
いつものお刺身をアレンジ。冷えたワインもいっときましょう。

材料 | 1人分

鯛(刺身用のサク)……………………………… 100g
塩 …………………………… 1g(魚の重量の1%)
パクチー ………………………………… 1株(10g)
キウイフルーツ ……………………………… ¼個
A　ライムの搾り汁 ……………………… 小さじ1
　　オリーブオイル ……………………… 小さじ½
　　砂糖・塩 ……………………………… 各少々
オリーブオイル

\\ memo //

このソース、ほかの白身の刺身にも合いますが、生食用の牡蠣とも相性抜群。洗ってしっかり水気を取った牡蠣も「塩締め」すると、食感が変わって新しいおいしさに。

作り方

1　鯛を塩締めにする。鯛は全体に塩をふり、キッチンペーパー、ラップの順に包んで、冷蔵庫で10分ほど置く。ⓐ

2　パクチーは仕上げ用に葉を少し取り分け、残りは粗みじん切りにする。1cm角に切ったキウイフルーツ、Aと合わせてよく混ぜる。

3　1の鯛をそぎ切りにして器に並べ、2をかける。仕上げ用のパクチーの葉をのせ、オリーブオイル適量を回しかける。

ラップで乾燥を防ぎながら、塩で引き出した鯛の水分をキッチンペーパーでおさえる。この時間を利用してソースの準備を。

春菊のライムサラダ

焼き肉屋さんで食べて感動した味を再現。春菊とライム、青い香りを持つふたつの食材が絶妙に合わさった、大人のサラダです。余った茎は、炒め物やお味噌汁の具にどうぞ。

材料 | 1人分

春菊 ……………………………… 1/3束(60g)
A ┃ ライムの搾り汁 ……………… 小さじ1
　┃ ナンプラー …………………… 小さじ1/4
　┃ 塩 ……………………………… ひとつまみ
ライム …………………………………… 1/8個
オリーブオイル

作り方

1　春菊の葉を摘み、ボウルに入れる。

2　1に**オリーブオイル小さじ1を加えて和え、さらに**Aを加えてよく和える。 a

> 先にオリーブオイルで和え、表面をコーティングしておくことで、塩分を加えてもシャキシャキ感が長続きします。

3　器に盛り、くし形切りにしたライムを添える。

a　ライムやレモンを搾る際は、切る前に手のひらを使ってゴロゴロと押しながら転がし、柔らかくすると果汁が出やすくなる。

搾菜と茗荷だれの豚しゃぶ

豚肉を柔らかく、しっとりと味わうなら、ぜひこのゆで方で。冷しゃぶ用の極薄切りのお肉がおすすめです。脂のうまみを楽しめるばら肉、さっぱりした味わいのもも肉を使っても。

材料 | 1人分

豚薄切り肉(肩ロース)……………………100g
酒………………………………………大さじ3

〈たれ〉
　茗荷………………………………………1本
　搾菜………………………………………8g
　しょうが…………………………………1g
　ごま油………………………………小さじ1
　オイスターソース・塩………………各少々

作り方

1. たれを作る。茗荷は薄い輪切りに、搾菜としょうがはみじん切りにし、他の材料と混ぜ合わせる。

2. 鍋に高さ2cmくらいの湯を沸かし、酒を入れる。再度沸騰したら火を止め、肉を2～3枚ずつ入れてゆで、色が変わったらざるにあげる。 ⓐ

3. 粗熱が取れたら器に盛り、1のたれをかける。

沸騰した湯でゆでるとパサついてしまうので、火を止めてから湯にくぐらせる。その後も冷水にとらず、ざるの上で冷ますと柔らかく仕上がる。

のせるだけ、和えるだけで。

もう、へとへとに疲れちゃったら。
お気に入りの食材を組み合わせた
とびきりシンプルなひと皿で
ひとまず、頑張った自分にごほうびを！
手がかからないのにごちそうっぽくて、
心の栄養をチャージできる、
お守りみたいな料理たちです。

スクランブルエッグ
生ハムとマッシュルームのせ

卵の熱で生ハムの脂が溶けて、ふわっと柔らかくなるのが好きです。
香りが立ち、なんとも贅沢な気分に。ときには卵とハムだけの
「手抜きバージョン」も全然アリ！ 生ハムは、ハモンセラーノなど
肉と塩だけで作られたものを使って。

材料 | 1人分

卵	2個
生ハム	1～2枚
マッシュルーム	1個
牛乳	大さじ1
塩	少々
オリーブオイル	
ハード系のチーズ（パルミジャーノ・レッジャーノなど）	
パン（好みで）	

作り方

1. マッシュルームは石づきを切り落として汚れを拭き、薄切りにする。

2. ボウルに卵を割り入れ、白身を切るようにしてしっかりとかき混ぜる。牛乳と塩を加え、さらに混ぜ合わせる。

3. フライパンにオリーブオイル大さじ½を中火で熱し、卵液をつけた菜箸の先をオイルにつけて、すぐに泡立つ温度になったら、2をオイルめがけて一気に流し入れる。ふちの火が通った部分を中央に集めるようにかき混ぜながら、火を通す。

4. 全体にとろりとしたら器に盛り、生ハム、マッシュルームをのせて、チーズを削りかける。 a 好みでパンにのせていただく。

生ハムの脂が少し透けてきたら食べどき。チーズおろし器がなければおろし金でもいいし、粉チーズでもOK。

いちごとカルダモンのカプレーゼ

モッツァレラチーズは丸ごと、どーんと。ナイフとフォークで切りながら頑張ると、手軽にごちそう気分を味わえます。簡単なのに気分が上がる、お気に入りの食べ方です。

材料 | 1人分

いちご	8粒
モッツァレラチーズ	1個
塩	少々
A レモン汁	小さじ½
カルダモンパウダー	ふたふり
オリーブオイル	

memo

爽やかで上品な芳香を持ち、"スパイスの女王"とも呼ばれるカルダモン。いちごの他、桃や洋梨、しょうがなどと合わせても、食材の持つ風味を増幅させてくれます。バニラアイスにトッピングするのも好きです。

作り方

1. モッツァレラチーズは袋のまま室温に20分ほど置く。
2. いちごは縦半分に切り、オリーブオイル小さじ½で和え、さらにAを加えて和える。
3. 器に1と2を盛り、仕上げ用のオリーブオイル適量を回しかけ、チーズに塩をふる。ナイフとフォークでチーズをカットし、いちごと一緒にいただく。

> チーズの温度を上げることで、よりミルキーで風味豊かな味わいに。口溶けもよくなる。

オレンジと山椒のカプレーゼ

山椒とオレンジは同じミカン科で、相性抜群。ピリリとしびれる風味が味を引き締めます。ミルキーなモッツァレラチーズと合わせて。

材料 | 1人分

オレンジ	1個
モッツァレラチーズ	1個
A　オリーブオイル	小さじ½
塩	少々
山椒（ミル挽き・または粉山椒4ふり）	8挽き

作り方

1. モッツァレラチーズは袋のまま室温に20分ほど置く。
2. オレンジは皮をむいて食べやすくカットし ⓐ、Ａで和える。
3. 器にチーズを食べやすくちぎって盛り、**2**を散らす。仕上げに山椒（分量外）を挽きかける。

まずは上下を切り落とし、りんごと同様に包丁でくるくると皮をむく。残った白いワタをそぎ落として縦半分に切り、薄皮に沿ってひと房ずつ切り分ける。

芯を切り落とす。

「ときめくレシピ」のポイント

まずはスパイスをひとつ、買ってみよう

　すっと鼻に抜ける、華やかな香りのカルダモン。スパイシーなクミンに、アジアの雰囲気が漂う五香粉。いつもの料理にひとふりするだけで、はっとするほど新鮮な味わいに仕上がります。はじめは使いこなせるか心配になるかもしれませんが、「料理って楽しい！」と感じられるきっかけとして、ひと瓶からでもいいので、ぜひ試してみてほしいです。

　最近ではスーパーの棚にもさまざまなスパイス、ハーブが並ぶようになり（企業努力に感謝！）、お値段もワンコインほど。ひとつ買えば、スープにサラダにと、実はいろいろな料理に使えます。「ちょっと気分を変えたいな」というときに、洋服やアクセサリーを買いに行くよりも、もっとリーズナブルで手軽なアイディアとして、「スパイスをひとつ買ってみる」、おすすめします！

「スープのもと」はなくても大丈夫

　この本のレシピでは、顆粒の鶏がらスープやコンソメなど、いわゆる「スープのもと」を使っていません。それは、肉や野菜といった食材そのものに含まれるうまみ成分が出汁になって、料理をおいしくしてくれるから。

　たとえば、くたくたに炒めた玉ねぎはうまみが凝縮されて、それ自体が「出汁の塊」といえますし、鶏肉やきのこ、魚介、ワインなどの酒類も同じく、加えるだけで料理を深みのある味わいに仕上げてくれます。

　市販のめんつゆや白出汁の代わりに、ナンプラーやオイスターソースを使ってみるのもひとつの手。「素材とシンプルな味付けだけで、こんなにおいしくなるんだ！」という驚きを体験してみてください。

Part.

2

毎日の
料理に
ときめきを！

スパイスやハーブを
少し加えるだけで、
食材の組み合わせを変えるだけで、
いつもの料理が
あたらしく、華やかに。
「作ってみたい！」と感じたら、
それがタイミング。
自分の直感と食欲を信じて、
さあ、めくるめくキッチンの冒険へ。

塩鯖の
トマトバルサミコソース

上級者向けのイメージがある魚料理も「焼いてソースを作るだけ」なら結構気軽です。
塩鯖を使えば、下ごしらえの必要もなし。
バルサミコ酢で仕上げたフルーティーなトマトソースが、鯖の脂によく合います。
パリッと焼けた皮もごちそう！

材料 | 1人分

塩鯖(切り身)	半身
ミニトマト	6個(80g)
塩	少々
A バルサミコ酢	大さじ½
砂糖	小さじ⅔
酒・水	各小さじ1
オリーブオイル	

作り方

1. ミニトマトは4等分のくし形切りにする。**鯖は半分に切る。**

   > このとき、鯖の皮に包丁で切れ目を入れておくと、皮が縮みにくくなります。気にならなければそのままでも（ソースで隠れるしね）。

2. フライパンにオリーブオイル大さじ½を中火で熱し、鯖を皮目を下にして焼く。途中で返し、両面が色よく焼けたら器に取り出す。

3. ソースを作る。同じフライパンをキッチンペーパーで拭き、ミニトマトと塩を入れて中火にかけ、炒める。柔らかくなってきたらヘラでつぶし、Aを加えて煮詰め、2にかける。

\\ memo //

お肉のソテーにも使える万能ソースです。ぶどうの果汁から作られるバルサミコ酢は、豊かな香りとまろやかな酸味が魅力。いちごや柿など果物を使ったサラダにもとっても合うので、小さい瓶からぜひお試しを。

チキンとしめじの
クリームマスタード煮

マスタードの酸味と風味をアクセントにした、ちょっと大人なクリーム煮。
食材を色よく焼いたら、白ワインでうまみを引き出し、生クリームでとろりとまとめます。
しめじは、舞茸やマッシュルームなど、他のきのこに代えてもOK。

材料 | 1人分

鶏もも肉(小)	1枚(200g)
塩(下味用)	2g(肉の重量の1％)
玉ねぎ	¼個
しめじ	½パック(50g)
塩	少々
白ワイン	¼カップ
生クリーム	大さじ2
粒マスタード	小さじ1と½
オリーブオイル　パン(好みで)	

\\ memo //

「買っても使い切れない(かもしれない)食材」の代表格こと、生クリーム。でも、こうして煮込みに使ったり、トマトソースやキムチ炒めに加えてコクを出したりと、実はかなり使えるヤツです。最近では小容量のパックも売られているので、気負わず取り入れてみて。

作り方

1　下ごしらえをする。玉ねぎは薄切りにする。しめじは石づきを切り落とし、小房に分ける。鶏肉はひと口大に切って塩をふる。

2　フライパンにオリーブオイル大さじ½と、鶏肉を皮目を下にして入れる。肉のまわりに玉ねぎとしめじを入れ、塩をふって中火にかける。ⓐ

3　鶏肉は動かさずに、玉ねぎとしめじを炒める。鶏肉の皮がこんがりと焼けたら裏返して、白ワインを回しかける。沸騰したら弱火にし、ふたをして5分煮込む。

4　ふたを取り、生クリームを加えて中火にする。とろみが出るまで煮詰めたら火を止め、粒マスタードを加えて混ぜる。好みでパンを添える。

フライパン調理は、先に油を引き、食材を並べてから火をつける「コールドスタート」がおすすめ。あわてて作業しなくてもいいので、失敗も減らせる。

Part.2

毎日の料理にときめきを！

ささ身のフリット
アボカドときゅうり、ディルのタルタルソース

躊躇しがちな揚げ物も、ひとり分なら小さなフライパンで揚げ焼きにすると気楽。
ふっくら、さくっとした揚げ衣は、炭酸水（ビールでも！）で作るのがポイントです。
衣にお好みのハーブを加えたりして、自由に味変しちゃってください。

材料｜1人分

鶏ささ身	2本
塩（下味用）	ひとつまみ
A 薄力粉	大さじ2
片栗粉	大さじ1
炭酸水	¼カップ

〈タルタルソース〉

アボカド	½個
きゅうり	¼本
ディル	2本
マヨネーズ	小さじ2
ライムの搾り汁	小さじ½
塩	ひとつまみ

揚げ油

\\ memo //

魚介のマリネやスモークサーモンの付け合わせなど、魚料理に用いられることが多いディル。乾燥タイプもありますが、フレッシュが断然おすすめです。見た目のわさわさ感もかわいいので、ちょっと不格好になってしまった料理に添えるとなんとなく「いい感じ」にしてくれるのも、いいよね。

作り方

1. タルタルソースを作る。きゅうりは粗みじん切りにして塩（分量外）でもみ、少し置いて水気を絞る。ディルは葉を摘み取り、仕上げ用に少し取り分けておく。アボカドは粗くつぶし、他の材料と混ぜる。

2. ささ身は、見えている筋を切り落とし、塩をふる。ボウルにAを入れて混ぜる。

　> ささ身の筋は、油で揚げてしまえば食感はほとんど気にならない。見えるところだけ切り落とせばOK。

3. 小さめのフライパンに揚げ油を高さ1cmほど注ぎ、中火で中温（170〜180℃）に熱する。ささ身をAにくぐらせて油に入れ、4〜5分ほど色よく揚げる。a

4. 器に盛って1を添え、仕上げ用のディルをのせる。

> 揚げ油の「中温」の目安は、菜箸を油に入れると、すぐに細かい泡が全体から出るくらいの温度です。

衣がはがれないように、油に入れたら最初の1分はさわらず、しっかりと衣を固めて。油に接する面が色付いたら、ひっくり返す合図です。

31

豚こま団子と茄子の五香粉照り焼き
(ウーシャンフェン)

持っておくと便利な「五香粉」。いつもの照り焼きにほんの少し足すだけで、
一気に本場の中華フレーバーに！ 豚肉は丸めずに作っても
食感が変わっておいしい。その場合は茄子から先に炒めてくださいね。

材料 | 1人分

豚こま切れ肉	100g
塩（下味用）	ひとつまみ
茄子	1本
塩（下ごしらえ用）	ひとつまみ
片栗粉	小さじ2
A みりん	小さじ2
しょうゆ	小さじ1
砂糖	小さじ1/2
五香粉	小さじ1/8
水	大さじ1
ごま油	

memo

五香粉は、中国や台湾でよく使われているミックススパイス。独特の強い風味があり、こんなふうに甘辛味の照り焼きなどに加えると使いやすいです。その他、餃子や唐揚げの下味に使っても本格的な味わいに。

作り方

1　下ごしらえをする。茄子は乱切りにして**塩をまぶしておく**。豚肉は塩をふり、直径2〜3cmくらいのボール状に丸めて片栗粉をまぶす❹。Aは混ぜ合わせる。

> 茄子は切ったら塩をまぶして1〜2分ほど置き、水分がにじんできてから調理。この水分が油の吸いすぎを防ぎます。

2　フライパンにごま油小さじ1を中火で熱し、1の豚肉を転がしながら炒める。肉の色が全面変わったら茄子を入れ、焼き色をつけるように炒める。

3　茄子が軽く色づいたらAを加え、とろみが出るようにからめる。

豚こまは丸めて使うことでボリュームが出て、ふわっと柔らかい食感に。

海老とズッキーニの
ハーブパン粉焼き

ハーブを加えたパン粉焼きは簡単なのに手が込んで見えて（大事）、
おもてなしにも活躍します。「鮭のそぎ切り＋輪切りトマト」
「いわしのフィレ＋スライスオレンジ」など、具材もあれこれアレンジ可能。
お好きな組み合わせで作ってみてください。

材料 | 1人分

むき海老(生)	10尾(100g)
ズッキーニ	½本(100g)
レモン汁	小さじ½
塩	ひとつまみ
シュレッドチーズ	30g
A　パン粉・粉チーズ	各大さじ3
タイム	6本
オリーブオイル	大さじ1と½
オリーブオイル	

\\ memo //

焼いたパン粉のカリカリ食感が味の決め手。パン粉に加えるハーブは、フレッシュでもドライでもOK。タイムの他、オレガノやローズマリーもよく合います。クミンやカレー粉を加えてスパイシーにするのも◎。

作り方

1. ズッキーニは5mm厚さの輪切りにする。海老は背ワタがあれば取り除く。ともにボウルに入れ、オリーブオイル小さじ½で和えてから、レモン汁、塩を加えて和える。

2. タイムは葉を茎から摘み 、Aの他の材料と混ぜ合わせる。

3. 耐熱容器にオリーブオイル適量を塗り、ズッキーニと海老を並べ入れる。シュレッドチーズと2を散らし、オーブントースターで10〜15分ほど、ズッキーニに火が通るまで焼く。途中、焼き色がついてきたら、焦げないようアルミホイルをのせる。

タイムの茎は硬いので、葉だけを使う。親指と人さし指で茎をつかみ、根元から茎の先端に向かってしごくと取りやすい。

牛肉のヌクチャム風サラダ

「ヌクチャム」は、生春巻きのつけだれにも使われる、ベトナムの万能ソース。甘酸っぱ辛い味付けがクセになります。今回は唐辛子を入れない簡易ver.なので、辛いものが苦手な人も安心。いろんな食感をミックスした、目にも鮮やかなひと皿です。

材料 | 1人分

牛薄切り肉（しゃぶしゃぶ用）	100g
きゅうり	1/2本
塩（下ごしらえ用）	少々
トマト	1/4個
赤玉ねぎ	1/10個
パクチー	1株（10g）
Ⓐ ナンプラー	大さじ1/2
レモン汁	小さじ2/3
砂糖	ひとつまみ
ナッツ（アーモンドやカシューナッツなど）	

\\ memo //

エスニック料理に欠かせないナンプラー。独特の臭みは、レモンなどの酸味と合わせることで抑えられます。使い方に慣れれば、ドレッシング、スープ、煮物に鍋つゆ……と幅広く活用できるので、「めんつゆ」代わりにじゃんじゃん使ってもらえたら。酸味は熱を加えると飛びやすいため、仕上げに加えるのがコツです。

作り方

1 下ごしらえをする。きゅうりは縦半分に切って斜め薄切りにし、塩をまぶしてしばらくおいてから水気をよく絞る。トマトは、くし形切りにしてから斜めに切る。赤玉ねぎは3mm幅の薄切りにする。パクチーは仕上げ用の葉を少し取り分け、残りをざく切りにする。ナッツ適量は粗く刻む。肉は大きければ食べやすいサイズに切る。

2 Ⓐをよく混ぜ、1のきゅうり、トマト、赤玉ねぎ、パクチーを和える。

3 鍋に湯を沸かして火を止め、牛肉をさっとくぐらせてキッチンペーパーに取る。ペーパーで押さえて水気を取ったら、2と合わせてざっと混ぜる。

> 肉は沸騰した湯でゆでると硬くなりやすいので、必ず火を止めてから。たれの味が薄まらないよう、水気はしっかり拭き取って。

4 器に盛り、ナッツを散らし、仕上げ用のパクチーの葉をのせる。

鮭の白ワイン蒸し
椎茸ナツメグクリームソース

フライパンに材料をどんどん入れていって作れる、気軽な蒸し料理。
ごく薄くスライスしてくったりさせた椎茸がおいしいソースになります。
ナツメグを効かせたクリームソースはどこか懐かしい雰囲気。
椎茸をせん切り白菜やセロリに代えても、違う味わいのメイン料理に。

材料 | 1人分

生鮭	1切れ(80g)
塩（下ごしらえ用）	ひとつまみ
玉ねぎ	1/10個(20g)
椎茸	2枚(30g)
白ワイン・生クリーム	各大さじ2
ナツメグパウダー	ひとふり
塩　オリーブオイル	

作り方

1. 鮭は塩をふって10分ほど置き、出てきた水分をキッチンペーパーで押さえる。

2. 玉ねぎはみじん切りに、椎茸は軸を切り落として薄切りにし、フライパンに入れる。塩ひとつまみとオリーブオイル大さじ1/2を加え、中火で炒める。

3. 椎茸がくたっとしたら鮭を皮目を下にしてのせ、白ワインを加える ⓐ。沸騰したら弱火にし、ふたをして4〜5分ほど蒸す。

4. 鮭を取り出して器に盛る。フライパンに生クリームを加えてとろみが出るまで混ぜ、塩少々とナツメグで味をととのえる。鮭にソースをかけて仕上げる。

炒めた椎茸の上に鮭をのせ、ソースのベースと、メインの鮭を一度に調理。白ワインの効果で臭みも取れ、ふっくらと仕上がる。

ピーマンと
ひき肉のミント炒め
ヨーグルトソース

シンプルなひき肉炒めにナンプラーを香らせ、
ほんの少しのにんにくを隠し味にしたヨーグルトソースでトルコ風に。
手軽に異国の雰囲気を感じられてお気に入りのレシピです。パンに挟んだり、
ピーマンの代わりに茄子で作ってもおいしい。

材料 | 1人分

合いびき肉	100g
ピーマン	2個
スペアミント（長さ3〜5cmの葉）	20枚
ナンプラー	小さじ1
レモン汁	小さじ½
塩・黒こしょう	各少々

〈ヨーグルトソース〉
- ギリシャヨーグルト（無糖・または水切りヨーグルト） 20g
- レモン汁 小さじ⅛
- にんにく ごく少量(0.5g)
- 塩 少々

オリーブオイル　パプリカパウダー

\\ memo //

ギリシャヨーグルトがなければ、プレーンヨーグルト40gをキッチンペーパー2枚で包んで10分ほど置き、水切りヨーグルトにしてください。パプリカパウダーは風味付けにもなりますが、見た目的にも◎。目玉焼きにかけるだけでも、ぐっとおしゃれっぽくなり、食卓に色味が欲しいときに重宝します。

作り方

1. にんにくをすりおろし、ヨーグルトソースの他の材料と混ぜる。

2. ピーマンは種を取り、縦に8等分に切る。ミントの葉を摘み取り、仕上げ用に少し取り分ける。

3. フライパンにオリーブオイル小さじ1を引き、ピーマンを皮を下にして入れ、中火にかける。焼き色がついたら返してフライパンの端に寄せ、空いたスペースに肉を入れて、塩と黒こしょうをふる。肉をほぐしながら炒め、半分ほど色が変わったらピーマンと炒め合わせ、肉に火が通ったらナンプラーを加えてさらに炒める。

4. レモン汁、ミントをちぎりながら加え、ざっと混ぜたら火を止める。

5. 器に盛り、仕上げ用のミントと1のソースを添え、ソースにパプリカパウダー適量をふる。

ゆで鯛 山椒味噌ほうれん草添え

ふっくらとゆで上がった鯛に、山椒が効いた付け合わせを添えて、あっさりとどうぞ。
たらやすずきで作るのもおすすめです。
「湯煮(ゆに)」というシンプルな調理法を覚えておくと、魚料理を食卓に取り入れやすくなります。

材料 | 1人分

- 鯛(切り身)……………… 1枚(80g)
- 塩(下ごしらえ用)……… ひとつまみ
- ほうれん草……………… 1/3束(60g)
- 酒………………………… 大さじ1
- A 味噌…………………… 小さじ1
  山椒(ミル挽き・または粉山椒4ふり)
  …………………………… 8挽き

> 酒の効臭で魚の臭みが抑えられるので、付け合わせの野菜も一緒にゆでることができます。

作り方

1. 下ごしらえをする。鯛は皮に切れ込みを入れて塩をふり、10分ほど置いたら、出てきた水分をキッチンペーパーでおさえる。ほうれん草は半分の長さに切る。Aをボウルに合わせておく。

2. 鍋に鯛の全体が浸かる量の水を入れて強火にかけ、沸騰したら酒を加える。再度沸騰したら鯛とほうれん草を入れ、とろ火にして4〜5分ほど煮る。

3. 鯛をフライ返しなどで鍋から取り出し、器に盛る。

4. ほうれん草を箸で持ち上げて軽く水気を切り、Aを入れたボウルに入れてよく混ぜる。3に添え、残った汁をほうれん草にかける。

たこの茗荷まみれ

とにかく「飲みたい！」気分のとき、さっと作れる超簡単おつまみ。
アボカドを加えてもおいしい。たこ以外にも、豚の冷しゃぶやかつお、
まぐろの刺身、ゆでたブロッコリー、トマトなど、
いろいろ茗荷まみれにしてみて。

材料 | 1人分

- ゆでだこ……………………… 80g
- 茗荷……………………………… 1本
- A
  - しょうが………………………… 3g
  - しょうゆ・ごま油…… 各小さじ½

作り方

1. 茗荷は薄い輪切りにする。しょうがはすりおろす。たこは食べやすい大きさのぶつ切りにする。
2. Aをボウルに入れて混ぜ合わせ、1を加えて和える。

ブロッコリーのビスマルク風 焦がしバターアンチョビソース

ゆでずに蒸し焼きにしたブロッコリーを卵黄にからめていただきます。コツというほどもないお手軽レシピですが、ブロッコリーの焼き目は強めが断然おいしい！ 春はアスパラガスや菜の花でもぜひお試しを。

材料 | 1人分

ブロッコリー……………………………… 1/3個
卵………………………………………… 1個
塩………………………………………… ふたつまみ

〈ソース〉
　バター…………………………………… 10g
　アンチョビフィレ………………………… 1/2枚(2g)
　レモン汁………………………………… 小さじ1/2

オリーブオイル

作り方

1. ブロッコリーは根元の硬い部分を2cmほど切り落とし、茎の硬い皮をそぎ落とす。根元から房の下まで縦に包丁を入れ、そこから手で割いて6〜8等分ほどの房に分ける。ⓐ

2. フライパンにオリーブオイル大さじ1を中火で熱し、ブロッコリーを入れる。焼き色がついたらひっくり返して塩をふり、水大さじ3を入れてふたをする。火が通り、裏面にも焼き色がつくまで3〜4分ほど蒸し焼きにしたら、取り出して器に盛る。

3. 同じフライパンをキッチンペーパーで拭き、オリーブオイル大さじ1を入れて中火で熱する。卵を割り入れて弱火にし、黄身のまわりの白身に火が通って盛り上がり、ふちがちりちりとするまで焼く。焼けたら**2**の上にのせる。

4. 続けて同じフライパンをキッチンペーパーで拭き、バターを入れて弱火にかける。フライパンを傾け、端を使ってバターを半分ほど溶かしたらアンチョビを加え、ヘラで崩す。中火にし、バターが茶色く色付いたら火を止めⓑ、レモン汁を加えて混ぜる。

5. **4**のソースをブロッコリーと目玉焼きにかける。

甘みのある茎もおいしい料理。根元の切れ目から手で割き、茎は長めに残して。こうするとつぼみも散らからず、きれいに分けられます。

このくらい色づいて泡が小さくなってきたら、火を止めるタイミング。焦がしすぎると、苦みが出るので注意。

梅トマトだれのいかそうめん

「ちょっといい日本酒、開けちゃおうかな」の日に。
お刺身売り場でおなじみのいかそうめんも、特製だれを添えれば特別な一品に変わります。
たっぷり入れた黒こしょうがアクセント。混ぜながらいただきます。

材料 | 1人分

いか（刺身用・細切り）……………… 30g

〈梅トマトだれ〉
- トマト ……………… 1/2個(80g)
- 梅干し ……………… 1/2個(3g)
- 黒こしょう（ミル挽き）……… 3挽き
- 赤じそふりかけ ……… ひとつまみ

作り方

1. トマトは1cm角に切り、たたいてペースト状にした梅干し、黒こしょう、ふりかけと和える。
2. 器にいかそうめんを盛り、1を添える。

\\ memo //

梅トマトだれはたっぷり作って、水気を切ったそうめんと和えてもおいしい。

Part.2 毎日の料理にときめきを!

ゆで卵のピータン豆腐風

大好きなピータンのあの感じを、
気軽に楽しめないものか……とたどり着いたのがこのレシピ。
搾菜の「それっぽさ」とオイスターソースのうまみを借りて、
目をつぶって食べたら、「お？ ピータンじゃん！」ってのができました。
ゆで卵は8分ゆでの、やや半熟がおすすめです。

材料 | 1人分

- 絹ごし豆腐 ………… ½丁(150g)
- ゆで卵 ……………… 1個
- 搾菜 ………………… 15g
- A しょうゆ・ごま油 … 各大さじ½
  オイスターソース … 小さじ1

作り方

1 豆腐は縦半分、さらに1.5cm厚さに切る。ゆで卵は6等分のくし形切りにする。搾菜はざく切りにする。

2 器に豆腐を盛り、卵と搾菜をのせる。

3 Aを混ぜ合わせ、2に回しかける。

ししゃもスイートチリ南蛮

レンジアップで手軽に作れる、自家製スイートチリソースを使ったエスニックな南蛮漬け。ししゃもで作ると下ごしらえ不要で、丸ごと食べられるのも嬉しい。作りたてもいいけれど、冷蔵庫で2時間〜半日くらい冷やすと味がしっかり染みて、これまた格別なのです。

材料 | 1人分

- ししゃも ………………………… 5尾
- 赤玉ねぎ ………… ……… 1/10個(15g)
- 薄力粉 ……………………… 大さじ1

〈スイートチリソース〉
- 砂糖・酢 ………… 各大さじ1と1/2
- 豆板醤 …………………… 小さじ1/4
- 水 ………………………… 小さじ1
- 塩 ………………………… ひとつまみ

植物油

\\ memo //
ししゃもは、30ページ「ささ身のフリット」の衣で揚げ焼きにしても◎。

作り方

1 赤玉ねぎは薄切りにして、バットに広げておく。

> 赤玉ねぎの辛みは空気に触れることでやわらぎます。それでも気になるようなら、水にさらす、塩もみして洗う、などの方法も。

2 スイートチリソースを作る。材料をすべて耐熱容器に入れて混ぜ、ラップをかけて電子レンジで10秒加熱し、砂糖を完全に溶かす。粗熱が取れたら1の赤玉ねぎを入れる。

3 ししゃもは薄力粉をふり、余分な粉を落とす。フライパンに油大さじ2を中火で熱し、ししゃもを並べ入れる。焼き色がついたら返して、裏面も同様に焼く。

4 バットにししゃもを並べ、熱いうちに全体に2をかけて、味をなじませる。

梨の柚子胡椒マリネ

溶いて和えるだけの、私的秋の定番おつまみ。気分によって生ハムを足すこともあります。
かぶで作ってもすごくおいしいから、どちらを載せるか悩んだけれど……。
いちばん好きな果物が梨なので、こちらに決定。

材料 | 1人分

梨 ……………………… ½個(150g)
ディル …………………………… 2本
A ┃ 柚子胡椒 ………… 小さじ⅛〜¼
　┃ オリーブオイル ………… 小さじ1
　┃ 塩 ……………………………… 少々

作り方

1　梨は皮をむいて4等分のくし形切りにし、さらに斜め半分に切る。ディルは葉を摘み取り、仕上げ用に少し取り分けておく。

2　ボウルにAを入れて混ぜる。

> 柚子胡椒は商品によって辛みが違うので、味見をしながら量を調整してください。

3　2に、1の梨とディルを加えて和える。器に盛って仕上げ用のディルをのせる。

焼き茄子といちじくの メープル白ごまソース

温かい茄子と、冷たいいちじくの温度差が楽しいひと皿。
もちろん、冷やしてもおいしいです。いちじくの旬を見逃さず、
秋のお楽しみにしてもらえたら嬉しいな。生ハムをトッピングして、
甘じょっぱく仕立てるのもまた良し。

材料 | 1人分

茄子 ………………………………… 2本
塩（下ごしらえ用）…………………… ひとつまみ
いちじく ……………………………… 1個
塩 …………………………………… 少々

〈メープル白ごまソース〉
　白ねりごま ……………………… 大さじ1
　メープルシロップ ……………… 小さじ1と½
　水 ………………………………… 大さじ½
　塩 ………………………………… ふたつまみ

オリーブオイル　くるみ

memo

さらっとした甘さのメープルシロップは、パンケーキにかけるだけじゃなく、チーズや果物を使ったサラダにとってもよく合います。蜂蜜で代用する場合は、甘みと粘度が高めなので、レシピの分量より少し控えめに調整してみてください。

作り方

1　下ごしらえをする。茄子は縦4等分のくし形切りにする。塩をふり、水分がにじむまでおく。いちじくは6等分のくし形切りにする。ソースの材料を混ぜ、くるみ適量は粗く砕いておく。

2　フライパンにオリーブオイル大さじ1を中火で熱し、茄子を皮面を下にして入れ、全面を色よく焼く 。焼き上がりに塩をふり、ざっと混ぜる。

3　器に2の茄子と1のいちじくを盛り、ソースを回しかけ、1のくるみを散らす。

いちじくの食感と合うように、全面をしっかり焼いてとろとろにする。

いんげんとじゃがいもの大葉ジェノベーゼ

ブレンダー不要＆オイル少なめで作れる和風ジェノベーゼ。
ソースは多めに作ってパスタと和えたり、
トマトとモッツァレラチーズを合わせてカプレーゼ風にしたり、
パンに塗ってチーズをのせて焼いたりと、使い勝手もなかなかです。

材料 | 1人分

- いんげん ……………………………… 5本
- じゃがいも …………………………… 1個(150g)

〈大葉ジェノベーゼソース〉
- A
  - 大葉 ……………………………… 5枚
  - カシューナッツ ………………… 10g
  - にんにく ………………………… 3g
- B
  - オリーブオイル ………………… 大さじ1
  - 粉チーズ ………………………… 小さじ2
  - 塩 ………………………………… 少々

塩　バゲット（好みで）

作り方

1. じゃがいもはひと口大に切って鍋に入れ、かぶるくらいの水を加えて強火にかける。沸騰したら中火にし、6〜8分ゆでる。いんげんは湯で2分ほどゆでて冷水にとり、水気をよく拭いて食べやすい長さに切る。

2. Aをすべてできるだけ細かいみじん切りにする。とくに大葉は水分が出てしっとりしてくるまで刻む。

3. 2をボウルに入れ、Bを加えて混ぜる。

4. 1を加えて和え、塩で味をととのえる。

5. 器に盛り、好みで軽くトーストしたバゲットを添える。

> ソースは冷蔵庫で4〜5日保存可能。カシューナッツの代わりに、定番の松の実の他、アーモンドやマカダミアナッツを使っても。

しらすとピーマンのタルティーヌ

生のピーマンとオリーブオイル、ふたつの青い香りを合わせて。
しらすの塩気と黒こしょうのパンチも加わり、夢中で食べ切ってしまうおいしさです。
パンを焼く間に準備できるお手軽さで、いつ作っても思わず自画自賛。

材料 | 1人分

ピーマン……………………………… 1個
釜揚げしらす ……………………… 20g
パンドカンパーニュ（1cm厚さのスライス）
……………………………………… 1枚
塩・黒こしょう（ミル挽き）……… 各少々
オリーブオイル

作り方

1　パンは軽く焼き色がつくまで焼いておく。

2　ピーマンは種を取り、7mmくらいの角切りにする。

3　ボウルに2のピーマンとしらすを入れ、オリーブオイル小さじ½と塩で和える。

4　パンに3をのせ、黒こしょうを挽きかける。

\\ memo //

黒こしょうや山椒は、粉末のものもありますが、手に入ればぜひ「ミル挽き」のものを使ってみてほしい。挽きたての香りは段違いにフレッシュです。スーパーやwebなどで探してみて。

人参のクミンバタータルティーヌ

じっくり加熱して甘みを引き出した人参を、クミンの香りで大人っぽくまとめます。
ちょっとメープルシロップかけるのも好き。副菜や付け合わせとしても優秀で、
テーブルにぱっと明るい色味を添えてくれます。

材料 | 1人分

- 人参 …………………………… 1/2本(80g)
- バゲット（1.5cm厚さのスライス）…… 2枚
- くるみ …………………………… 20g
- クミンシード ………………… 小さじ1
- バター ………………………………10g
- クリームチーズ ………………… 40g
- 塩

> 炒める前に一度レンジ加熱すると、
> 人参の甘みがしっかり出ます。

作り方

1. バゲットは軽く焼き色がつくまで焼いておく。

2. 人参はせん切りにする。くるみは粗く砕いておく。

3. 耐熱皿に人参を広げ、水大さじ3をふりかける。端を少し開けてラップをかけ、電子レンジで5分ほど加熱する。

4. フライパンにクミンシードとバターを入れ、弱火にかける。バターが溶けたら3の人参を加えてからめ、クミンの香りが立ってきたら塩適量で味をととのえて、火を止める。

5. バゲットにクリームチーズを等分に塗り、4とくるみをのせる。

「ときめくレシピ」のポイント

すっきり、手際よく、調理するために

もし「料理が苦手」と感じているなら、それは技術不足ではなく、キッチンの使い方を見直すことで解決するかも。限られたスペースでも効率よく作業するための、わたしなりのポイントをお伝えしてみます。

- レシピを最後まで読み、事前に調理の手順をシミュレーションします。このとき、盛り皿も決めておくと作業がスムーズ。
- 計量カップやスプーン、バットなど、よく使うものは手に取りやすい場所に収納。
- 食材は、なるべくまとめて切るように。乾物類→野菜→肉・魚の順に切り、まな板と包丁を洗って片づければ、作業スペースが確保できます。
- 切った野菜は、可能ならコンロの上のフライパンや鍋、盛り皿に入れておく、後から使う素材は冷蔵庫に避難させる……など、「いったん避難させる」ための場所をたくさん考えておくと楽です。

あると便利な調理道具たち

ボウルや菜箸、バットなど、使用頻度が高い道具は複数持っておくと、調理中に慌てて探すことがなくなります。軽くて洗いやすいものを探してみてください。その他、わたしが普段使っている調理道具のうち、これは便利！と強くおすすめしたいものを紹介します。

- シリコン製のミニスプーン。鍋や瓶の中身を余さずかき出したり、調味料を混ぜたりと、なにかと活躍します。
- ミニホイッパーは少量のドレッシング作りに重宝。ひとつあると役立ちます。
- 薄くて小さめの「サブまな板」が意外なほど便利。野菜を切っていて「少しだけお肉も切りたいな」というときに、メインのまな板にさっと重ねて使います。
- 調理中の食材を確認できる、ガラス窓があるフライパンのふた。ひとつで複数の大きさのフライパンに使えるものを選べば、省スペースです。

わたしの頼れる冷凍ストック

帰りが遅くて買い物ができなかったときなど、冷凍ストックにほっと救われることがあります。わたしは肉や魚の他に、きのこ類やシュレッドチーズ、ベーコンなども冷凍保存中。料理に使って余ったものや、残ったソースなどを冷凍しておけば、いつか「助かるわぁ」と過去の自分に感謝する瞬間がくるはずです。

それともうひとつ。本当に疲れて何もしたくない日のために、ちょっと高級な、とっておきの冷凍食品もストックしてます。冷凍食品に頼ることを「罪悪感」ではなく「ごほうび」にする。そんな仕掛けを準備しておくと、毎日の食生活のサイクルを無理なく回していけそうです。

「おいしそう」を引き出す、盛り付けのコツ

味はもちろん、料理の見た目も大切にしています。お皿の上をおいしそうに演出するために、わたしが日ごろ気にしているポイントをいくつか。

- 「山型」に盛り付けて立体感を出す。高さを出すことで、ぐっとおしゃれな雰囲気に。
- 器の余白を上手に使う。器の面積に対して余白が多いと上品で繊細な印象、少ないと家庭的でにぎやかな印象になります。
- 具材が一部分に片寄らず、まんべんなく配置されているか確認しましょう。
- ソースは上からかけるだけでなく、下に敷いたり、別皿に入れて添えたりして見た目に変化を。
- 同じものを何個か並べるときは、整列させず、少しずらして並べて、リズムをつけます。

へとへとの日は「とりあえず、焼いて塩」がおすすめ

まじめな人ほど、栄養やカロリーを気にしてしまうのか、「自炊がなかなか続かなくて」と悩みがち。毎日の料理は、もう少しゆるく考えてもいいのでは？と思っています。栄養バランスが少し偏っても、次の1週間の食生活で調整すればいいし、好きなおかずが何度か続いたって、それも自炊の醍醐味のひとつじゃないかな。

献立を考えられないくらいへとへとの日は、ちょっといい食材を、シンプルな料理法で食べるのもよし。たとえば、ふだんより少し上質な牛肉と、肉厚な椎茸を焼いて、塩だけで食べてみるとか。手抜きじゃなく、最小限の手間で作る「ちゃんとおいしい」が、明日の自分に元気を送ってくれる気がしています。

「ときめくレシピ」のポイント

お気に入りの器で、もっとおいしく

「器選びってよくわからない」と、もし「無難さ」重視で選んでいる人がいたら、それは少しもったいないかも。同じ料理でも、器によって違う雰囲気になるし、なぜかおいしさまで変わってくるような気がします。市販のお惣菜だって、お気に入りの器にのせれば、気分の上がるひと皿に。

難しく考えず、まずは「素敵だな」「盛り付けてみたい」というひらめきで選んでみて。専門店はもちろん、雑貨店やアンティークショップ、陶器市や骨董市、フリーマーケットなど、器との素敵な出会いはいろんな場所に転がっています。ぜひ「ときめく1枚」を探してみてください。

器でこんなに変わります

落ち着いたくすみカラーのスクエア皿は、モダンでスタイリッシュな雰囲気。

ボタニカル柄のアンティークの皿を使うと、クラシックで柔らかな印象に。

フリルのようなふち取りが上品な雰囲気。おもてなしや記念日の食卓にも合う。

余白の多いオーバル皿でこなれた印象に。縁の色味が料理をいきいきと見せる。

SNSを上手に使って

盛り付けた料理を写真に撮り、客観的に見てみると、「具材の位置が片寄ってるな」「高さが足りない？」など、気づくことが結構あります。バランスを調節して「おいしそう！」と思える1枚が撮れたら、SNSへの投稿を通じて、同じ料理好きの人たちとつながってみるのも楽しみのひとつ。さまざまなアイディアに刺激を受けたり、センスのよい投稿から学んだりすることで、自分の世界も広がります。

「素敵だな」と思った投稿は、よく観察してスタイリングの参考に。器に合うクロスやカトラリーを添えたり、写真の色合いや明るさを調整したり、自分好みのベストショットを模索してみて。SNSは自分の「好き」を蓄積していける場所。上手に使えば、日々の料理のモチベーションをもっと高めてくれるはずです。

Part. 3 ほっとする料理
スープ・パスタ・ごはん

疲れた日、緊張した日、
なんだかうまくいかない日。
そんなときに食べたいものは
人それぞれだけど、わたしなら。
おなかの中からあたたまる、スープ？
大好きな具材のパスタ？
さらっと食べられる、ごはんもの？
あれこれ考えているうちに
おなかが空いて、
「まあ、いいか」と思えたりも
するのだけど。

豆腐鹹豆漿
(シェン トウ ジャン)

台湾の定番朝ごはんスープに、豆腐を加えてボリュームアップ。
普通の酢でも作れますが、黒酢を使うと味にまろやかな深みが出ます。
桜海老は、かつおぶしやしらす干し、さきいかなど、
他の魚介系の乾物に置きかえても◎。

材料 | 1人分

絹ごし豆腐	½丁(150g)
豆乳(成分無調整)	1カップ
A 搾菜	15g
素干し桜海老	大さじ1
黒酢(または米酢)	大さじ1
ごま油	小さじ1
ナンプラー	小さじ¼
細ねぎ(またはパクチーや大葉のみじん切り)	
ラー油	

作り方

1. 豆腐は縦半分、さらに1.5cm厚さに切る。搾菜は粗みじん切りに、細ねぎ適量は小口切りにする。器にAを合わせておく

2. 鍋に豆乳と1の豆腐を入れて火にかけ、水面がゆらゆら揺れるくらいの火加減であたためる。沸騰しそうになったら火を止める。

   > 豆腐が少し踊るくらいの弱火〜中弱火で、しっかりあたためます。沸騰させると、豆乳が分離するので気をつけて。

3. 1の器に2を注ぐ。1の細ねぎをのせ、ラー油適量を回しかける。ⓐ

酢の酸と、豆乳に含まれるたんぱく質が反応し、徐々にもったりと固まってくる。上手に固めるコツは、豆乳を沸騰直前までしっかりあたためることと、注いだ後はかき混ぜず1〜2分置くこと。

セロリとコンビーフの
ローズマリートマトスープ

セロリとローズマリーの組み合わせ。少し草っぽい香りが、ヨーロッパのどこか田舎の素朴なスープみたいだな、って勝手に思ってます。コンビーフも入って、食べ応え十分。卵を崩しながら召し上がれ。

材料 | 1人分

コンビーフ	1/2缶
セロリ	1/5本(30g)
玉ねぎ	1/10個(20g)
トマト水煮(カットタイプ)	100g
	(またはトマトペースト大さじ1)
卵	1個
白ワイン	大さじ1
ローズマリー	1枝
砂糖	少々
塩　オリーブオイル　粉チーズ	

memo

ローズマリーは、すっきりした強い風味が特徴のハーブ。揚げ油にひと枝入れて香りをまとわせたり、肉や魚と一緒にソテーしたり、オイル系のパスタに加えたり……使い道はいろいろ。余ったら乾燥させて保存を。使うときに少しもむと、香りが立ちます。

作り方

1. セロリと玉ねぎは繊維を断つ方向に薄切りにする。コンビーフはひと口大に切る。
2. フライパンにセロリと玉ねぎを入れ、塩ひとつまみとオリーブオイル大さじ1/2を加えて中火にかける。じゅわじゅわと音がしてきたら弱火にし、透明感が出てくたくたになるまで炒める。ⓐ
3. 白ワインをふって中火にし、コンビーフとローズマリーを加える。コンビーフの表面を少し焼き固めたら、トマト水煮を加えてさっと混ぜる。水1と1/2カップを加えて中火にし、10分ほど煮る。
4. 塩少々と砂糖で味をととのえたら、卵を割り入れてふたをし、卵が好みの半熟具合になるまでさらに2〜3分煮る。
5. 器に盛り、粉チーズ適量をふる。

コンビーフはなるべく崩さず、塊のまま焼いてボリュームを出します。

香味野菜のセロリと玉ねぎは透明感が出るまでしっかりと炒める。自然な甘みとコクが出て、スープの出汁になる。

手羽先とにらの春雨スープ

暴飲暴食が続いたときは、大いに反省しつつ、胃腸にやさしいスープをことこと。
鶏のうまみが染み出た滋味深いスープを、春雨にたっぷり吸わせて。

材料 | 1人分

鶏手羽先……………………… 2本
塩（下味用）………………… ひとつまみ
にら……………………………… ¼束
春雨……………………………… 20g
しょうがの薄切り…………… 3枚
酒………………………………… 80mL
オイスターソース………… 小さじ½
塩

作り方

1　にらは5cm長さに切る。しょうがは薄切りにする。手羽先は、皮のついていない面から骨に沿って切れ目を入れ、全体に塩をすりこむ。ⓐ

2　鍋に水2カップを入れ、手羽先としょうがを加えて強めの中火にかける。沸騰したら酒を加え、水面がふつふつするくらいの火加減に調整してアクを取り、15分ほど煮る。

3　オイスターソースを加えて混ぜ、塩で味をととのえたら、にらと春雨を加える。3分ほど煮て、春雨に火を通す。

骨に沿って包丁を入れ、水から煮ることで出汁がよく出る。食べるときに身離れが良くなる効果も。

キャベツと玉ねぎ、ベーコンのクミンバタースープ

野菜を無心でせん切りしている時間って、ちょっとしたセラピー効果があるような。
冷蔵庫の常備野菜をどんどん刻んで作る、具だくさんのとっておきスープです。

材料 | 1人分

- キャベツ …………………… 100g
- 玉ねぎ ……………………… 1/8個
- ベーコン（ブロック）………… 40g
- クミンシード ……………… 小さじ1/2
- バター ……………………… 5g
- 塩　オリーブオイル

作り方

1 キャベツと玉ねぎは、繊維を断つ向きにせん切りにする。ベーコンは1cm角の棒状に切る。

2 鍋にオリーブオイル大さじ1/2とクミンシードを入れ、中火にかける。じゅわじゅわと泡立って香りが出てきたら弱火にして1を加え、塩少々をふって炒める。

> キャベツと玉ねぎの甘みとコクをしっかり引き出します。焦げないようにじっくり炒めて。

3 野菜がくたっとしてかさが減ったら、水1と1/2カップを加えて中火にする。沸騰したら弱火にし、20分ほど煮込む。水が減ってきたらその都度加えて、ひたひたの水加減を保つ。

4 塩で味をととのえて器に盛り、バターをのせる。

パセリとアーモンドの
サルシッチャパスタ

つなぎを加えずラフに焼いたサルシッチャに、パセリの強い風味とアーモンドの
ゴリッとした食感を合わせて、男前な雰囲気に。パスタ料理は、
慣れるまでは先にソースを作ってからパスタをゆでるようにするとあせらず、失敗を防げます。

材料 | 1人分

スパゲッティ ……………………… 80g
にんにく ………………………………… 1片

〈サルシッチャ〉
　豚ひき肉 ……………………………… 80g
　パセリ …………………………… 3枝(10g)
　アーモンド …………………………… 8粒
　レモン汁 …………………………… 小さじ2/3
　塩 ……………………………………… ひとつまみ

塩　オリーブオイル

\\ memo //
料理の仕上がりを左右する大事な工程のひとつが、きちんと味見をして味を調整すること。ひき肉料理は味見ができないと思われがちですが、電子レンジを使えば大丈夫。初めてキッチンのお仕事に就いたときに教わった技です。

作り方

〈サルシッチャを作る〉

1　パセリは茎ごとみじん切りにし、仕上げ用に少し取り分けておく。アーモンドは粗みじん切りにする。にんにくはつぶす。

2　ボウルに豚ひき肉と塩を入れ、スプーンの背でつぶすように混ぜる。肉の粒がなくなり粘りが出てきたら、1とレモン汁を加えてさらによく混ぜる。

3　味見をする。2をひとつまみ取り分けて丸め、耐熱容器に入れてふんわりとラップをし、電子レンジで10秒ほど加熱する。味を見て、必要なら塩を足す。

4　フライパンに、1のにんにくとオリーブオイル大さじ1を入れ、中火で熱する。泡立ってきたら弱火にし、にんにくが色づいて香りが出たら取り出す。中火にし、2をスプーンで適当な大きさにすくって入れ、表面に焼き色をつける。ⓐ

〈パスタを作る〉

5　鍋にたっぷりの湯を沸かし、水量の1％の塩を加える。スパゲッティを入れ、表示時間より1分短くゆでる。

6　ゆで上がる30秒前に、**4にオリーブオイル大さじ1/2を加え、中火で熱する。**スパゲッティのゆで汁大さじ3とゆで上がったスパゲッティを加え、とろみが出るように混ぜる。

> オイルベースのパスタソースは、オイルを温めてからゆで汁と合わせると乳化しやすくなり、味がまとまります。

7　器に盛り、仕上げ用のパセリを散らす。

肉だねをスプーンですくい、フライパンに入れていく。大きさは不揃いでOK。

甘栗と舞茸の
ゴルゴンゾーラクリームペンネ

栗の料理って、秋ならではの特別感があって好き。
生栗を処理するのは大変だけど、むき甘栗を使えば手軽に作れます。
秋を感じるきのことともに、こっくりと濃厚なゴルゴンゾーラソースをからめて。
ワインとの相性も良い、おつまみパスタです。

材料 | 1人分

ペンネ	70g
舞茸	½パック(50g)
むき甘栗	5個
牛乳	¼カップ
生クリーム	大さじ2
ゴルゴンゾーラ（ピカンテ）	20g
レモン汁	少々
塩　オリーブオイル	

\\ memo //

ほのかに青カビの刺激を感じるゴルゴンゾーラは、蜂蜜との組み合わせが定番。わたしは果物と合わせてサラダにしたり、グラタンやチャウダーなどクリーム系の料理のアクセントとして使うことが多いです。

作り方

1 舞茸は食べやすく手でほぐし、フライパンに入れ、塩ひとつまみとオリーブオイル大さじ½をふって中火にかける。ときどき返しながら、焼き目をつけるように炒める。

2 弱火にし、牛乳と生クリーム、甘栗を加える。フォークで甘栗の⅔くらいをつぶし、火を止める。

3 鍋にたっぷりの湯を沸かし、水量の1％の塩を加える。ペンネを入れ、表示時間どおりにゆでる。ゴルゴンゾーラは1cm角くらいにほぐす。

4 2にゴルゴンゾーラとゆでたペンネを入れ、弱火にかけてよく和える。レモン汁を加えてよく混ぜ、とろみをつける。

乳製品に酸を合わせると、自然なとろみが出ます。ただし、加熱時間が長いと分離するので注意。レモンの酸味でクリーミーな味わいもこってりしすぎず、食べやすくなります。

海老とカッテージチーズ、ディルのペリメニ
レモンバターカルダモンソース

水餃子に似たロシア料理・ペリメニ。現地ではサワークリームやディルを添えて食べられています。本来は皮も手作りするのですが、市販の餃子の皮で代用できるので、ぜひチャレンジを。くるん、と包む作業も楽しい。

材料 | 1人分

むき海老（生）	100g
カッテージチーズ	30g
ディル	1本
餃子の皮（厚めのもの）	10枚
レモン	1/8個

〈レモンバターカルダモンソース〉

バター	20g
レモン汁	小さじ1
カルダモンパウダー	ふたふり
塩	少々

作り方

〈ペリメニを作る〉

1. ディルは葉を摘み取り、仕上げ用に少し取り分け、残りを細かく刻む。海老は背ワタがあれば取り除き、ざく切りにする。

2. 1とカッテージチーズをボウルに入れて混ぜ合わせる。10等分にし、ふちに水をつけた餃子の皮にのせ、半分に折って包み、片方の端に水をつけて丸く成形する。ⓐ

3. 鍋にたっぷりの湯を沸かし、2を入れて浮かんでくるまで2分ほどゆでる。器に取り出し、ゆで汁は取っておく。

〈ソースを作る〉

4. フライパンにバターを入れ、弱火にかける。フライパンを手前に傾け、端を使ってバターを溶かしⓑ、半分ほど溶けたら、レモン汁とカルダモンパウダーを加えて混ぜる。とろみが出たら火を止め、塩で味をととのえる。

〈仕上げる〉

5. 4のソースに3のペリメニを入れ、ゆで汁大さじ1も加えて全体をよくからめる。

6. 器に盛り、仕上げ用のディルとくし形切りにしたレモンを添える。

具をのせて半分に折って包んだら、親指で折り目の中心部分を軽く押さえる。そのままくるっと丸め、片方の端に水をつけ、両端をぎゅっと押さえてくっつける。帽子のような形になればOK。

傾けたフライパンの端を使ってバターを溶かすのは、バターの水分がすぐに蒸発して焦げてしまうのを防ぐため。

トマトとにんにくのクルダイオーラ

クルダイオーラは、南イタリアの夏の定番メニュー。ゆでたてのパスタを、火を通していない具材やソースと和えたものです。あつあつでも冷え冷えでもない温度感が、なんだか新鮮。暑い季節のレパートリーにぜひ。

材料 | 1人分

スパゲッティ	80g
ミニトマト	8個
にんにく	2g
A　オリーブオイル	大さじ½
レモン汁	小さじ1
砂糖	ふたつまみ
塩	ひとつまみ
塩　オリーブオイル	

作り方

1. ミニトマトは4等分のくし形切りに、にんにくはみじん切りにし、スパゲッティが入る大きさのボウルに入れる。
2. 1に A を加えてよく和える。
3. 鍋にたっぷりの湯を沸かし、水量の1％の塩を加える。スパゲッティを入れ、表示時間どおりにゆでる。
4. 2のソースに 3 を入れて、よく和える。ⓐ
5. 器に盛り、オリーブオイル適量を回しかける。

ⓐ スパゲッティはゆでたそばからトングで引き上げてボウルに入れ、ボウルの中でよく和えて、ソースを乳化させる。ゆで汁が少し入っても大丈夫。

茗荷とたらこのクルダイオーラ

クルダイオーラ、もう一品。バターを使わないので軽い仕上がりに。
最小限の手間で作れるのに「手抜き」感があまりないのは、おしゃれっぽい
ネーミングゆえでしょうか（気のせい？）。刻んだ大葉を入れるアレンジもおすすめ。

材料 | 1人分

- スパゲッティ …………………… 80g
- 茗荷 …………………………… 1本
- たらこ ………………………… 20g
- A | オリーブオイル ………… 小さじ2
  | レモン汁 ……………… 小さじ½
- 塩

作り方

1. 茗荷は縦半分に切って斜めのせん切りにし、仕上げ用に少し取り分けておく。たらこは薄皮を取り除く。
2. スパゲッティが入る大きさのボウルに1とAを入れてよく混ぜておく。
3. 鍋にたっぷりの湯を沸かし、水量の1％の塩を加える。スパゲッティを入れ、表示時間どおりにゆでる。ゆで汁は取っておく。
4. 2に3を入れ、ゆで汁も少し加えて、よく和える。
5. 器に盛り、仕上げ用の茗荷をのせる。

Part.3
ほっとする料理
スープ・パスタ・ごはん

しらすと山椒のリゾット

レモンと山椒の爽やかな香りを効かせた、シンプルなリゾット。
炒めた玉ねぎの出汁がスープ代わりになります。「基本のリゾット」の作り方を覚えておくと、
自分好みの具材・味付けでいろいろなリゾットを楽しめるように。

材料 | 1人分

米	60g
釜揚げしらす	10g
玉ねぎ	1/8個(25g)
白ワイン	大さじ1
おろしチーズ(または粉チーズ)	小さじ1
レモン汁	少々
山椒(ミル挽き・または粉山椒ふたふり)	4挽き
塩　オリーブオイル	

〈仕上げ用〉
　釜揚げしらす　おろしチーズ(または粉チーズ)

\\ memo //

作り方1〜4が「基本のリゾット」のレシピ。肉や野菜などの具材を足したい場合は、2〜3で玉ねぎと一緒に炒め、そのまま煮込みます。味付けは塩とチーズの他、生クリームやトマトペースト、変わったところだと味噌や柚子胡椒などでも。

作り方

〈基本のリゾット〉

1 鍋に湯3カップを沸かし、沸騰したらとろ火にして湯温を保つ。

2 玉ねぎはみじん切りにしてフライパンに入れ、塩ひとつまみとオリーブオイル大さじ1をふって中火にかける。じゅわじゅわと音がしてきたら弱火にして炒める。

3 玉ねぎに透明感が出てきたら白ワインをふり、沸騰させてアルコール分を飛ばす。米を洗わずに加えて混ぜる。

4 米に透明感が出てきたら、1からひたひたより多い量の湯を入れる ⓐ。軽くふつふつするくらいの火力を保ち、好みの柔らかさになるまで、湯を足しながらときどき混ぜ、20分ほど火を通す。

> 混ぜすぎると米が割れてしまい、粘りが出るので、ときどきでOK。

〈味付け〉

5 塩とチーズで味をととのえ、しらすとレモン汁を加えてざっと混ぜる。

6 器に盛り、仕上げ用のしらす適量をのせる。山椒とチーズ適量を削りかけ、オリーブオイル適量を回しかける。

湯はあらかじめ鍋で沸かしておく。冷たい水で炊くとリゾットらしい食感にならないので、事前に沸かしておくことがポイント。

75

かぼちゃとベーコン、シナモンのリゾット

75ページ「基本のリゾット」を、相性の良いかぼちゃ×シナモンの組み合わせでアレンジ。出汁がよく出る角切りベーコンも加えて、ボリュームアップしました。

材料 | 1人分

- 米 …………………………… 60g
- かぼちゃ …………………… 30g
- ベーコン（ブロック）………… 30g
- 玉ねぎ …………………… 1/8個（25g）
- 白ワイン ……………………… 大さじ1
- おろしチーズ（または粉チーズ）
  　…………………………… 小さじ2
- シナモンパウダー ………… ふたふり
- 塩　オリーブオイル

memo

エキゾチックな甘い香りが特徴のシナモン。かぼちゃや人参など、甘味のある食材と好相性です。またトマトソースに加えるとぐっと秋冬っぽく、重厚感ある味わいに。

作り方

1. 鍋に湯3カップを沸かし、沸騰したらとろ火にして湯温を保つ。

2. 玉ねぎはみじん切りにする。かぼちゃとベーコンはそれぞれ1cm角に切る。

3. 2をフライパンに入れ、塩ひとつまみとオリーブオイル大さじ1をふって中火にかける。じゅわじゅわと音がしてきたら弱火にして炒める。

4. 玉ねぎに透明感が出てきたら白ワインをふり、沸騰させてアルコール分を飛ばす。米を洗わずに加えて混ぜる。

5. 米に透明感が出てきたら、1からひたひたより多い量の湯を入れる。軽くふつふつするくらいの火力を保ち、好みの柔らかさになるまで、湯を足しながらときどき混ぜ、20分ほど火を通す。

6. チーズを加えて混ぜ、塩で味をととのえ、器に盛る。仕上げにシナモンパウダーをふる。

チキンとズッキーニの
ジンジャーカルダモンリゾット

具材ごろごろ、食べ応えのあるリゾットです。今回の「出汁担当」は、もちろん鶏もも肉。
しょうがとカルダモンは同じショウガ科で相性も良く、深呼吸したくなるような豊かな香りに。

材料 | 1人分

- 米 …………………… 60g
- 鶏もも肉 …………… 80g
- 塩（下味用） ……… ひとつまみ
- ズッキーニ ………… 1/4本（50g）
- 玉ねぎ ……………… 1/8個（25g）
- しょうが …………… 3g
- 白ワイン …………… 大さじ1
- おろしチーズ（または粉チーズ）
  …………………………… 小さじ1
- カルダモンパウダー …… 3ふり
- 塩　オリーブオイル

作り方

1. 鍋に湯3カップを沸かし、沸騰したらとろ火にして湯温を保つ。

2. ズッキーニは1cm角に切り、玉ねぎとしょうがはみじん切りにする。鶏もも肉は2cm角に切り、塩をふっておく。

3. 玉ねぎをフライパンに入れ、塩ひとつまみとオリーブオイル大さじ1をふって中火にかける。じゅわじゅわと音がしてきたら弱火にして炒める。

4. 玉ねぎに透明感が出てきたら、鶏肉とズッキーニ、しょうがを加えて中火にし、肉の色が変わるまで炒める。白ワインをふり、沸騰させてアルコール分を飛ばしたら、米を洗わずに加えて混ぜる。

5. 米に透明感が出てきたら、1からひたひたより多い量の湯を入れる。軽くふつふつするくらいの火力を保ち、好みの柔らかさになるまで、湯を足しながらときどき混ぜ、20分ほど火を通す。

6. チーズとカルダモンパウダーを加えて混ぜ、塩で味をととのえ、器に盛る。仕上げにチーズ適量（分量外）を削りかけ、カルダモンパウダー適量（分量外）を振る。

蒸し煮スパイスチキンカレー

カレー粉＋クミンシードで作る、ミニマムなひとり分カレーです。
オイル少なめのさらっとタイプだから、罪悪感もなし。
仕上げになめらかに混ぜた無糖ヨーグルトや牛乳を大さじ1〜2ほど加えると、
まろやかな味わいになります。

材料 | 1人分

- 鶏もも肉 ……………………………… 100g
- トマト ……………………………… ½個(100g)
- カレー粉 ……………………………… 小さじ1
- クミンシード ……………………………… 小さじ½
- ゆで卵 ……………………………… 1個
- A 玉ねぎ(小) ……………………………… ½個(80g)
  にんにく・しょうが ……………………………… 各3g
- 植物油　塩　温かいごはん

作り方

1. Aをすべてみじん切りにする。トマトは2cm角に、鶏肉は3cm角に切る。

2. 直径20cmくらいの小さめのフライパンにA、油大さじ1、塩小さじ¼を入れて混ぜ、中火にかける。じゅわじゅわと音がしたら弱火にしてふたをし、ときどき焦げないように混ぜながら8分蒸し焼きにする。

3. トマトを加えて中火にし、トマトをつぶしながら全体がペースト状になるように炒める 。1の鶏肉、カレー粉、クミンシードを加えてさらに炒め、肉の色が全体に変わったら水½カップを加える。

4. 沸騰したら弱火にし、ふたをして10分ほど煮る（水気が多いようなら、ふたを取ってさらに煮る）。塩をひとつまみ〜ふたつまみほど加えて味をととのえる。

5. 器にごはん適量を盛り、4をかける。半分に切ったゆで卵を添える。

> フライパンが大きいと玉ねぎの水分がすぐに蒸発してしまいます。小さいフライパンで水分を保ちながら蒸し、味の土台になる玉ねぎの甘みをじっくり引き出します。

ペースト状になるまでしっかり炒め、水分を蒸発させることで、トマトの甘みとうまみを凝縮する。

豚こまとごぼうのルーローハン

人気のルーローハンも、五香粉があれば、実はかなりお手軽に本格的なものが作れます。
付け合わせの卵とチンゲン菜も一緒に煮込むズボラ仕様。
ごぼうの食感と風味が楽しいアクセントです。

材料 | 1人分

豚こま切れ肉	80g
ゆで卵	1個
チンゲン菜	½株
塩	ひとつまみ
A 玉ねぎ(小)	¼個 (40g)
ごぼう	5cm (10g)
しょうが・にんにく	各5g
B 酒・水	各大さじ2
しょうゆ	小さじ1
砂糖	小さじ1と½
オイスターソース	小さじ½
五香粉	小さじ⅛
植物油　温かいごはん	

作り方

1 下ごしらえをする。Aをすべてみじん切りにする。チンゲン菜は縦半分に切る。豚肉は1cm角に切る。Bは混ぜ合わせる。

2 フライパンにAと塩、油大さじ1を入れて中火にかける。玉ねぎに透明感が出て、にんにくとしょうがの香りが出てきたら、1の豚肉を加えて8割がた火が通るまで炒める。

3 2にBを加えて混ぜ、弱めの中火にし、殻をむいたゆで卵とチンゲン菜を加える。混ぜながら、とろみがつくまで4〜5分煮詰める。

4 卵を取り出し、半分に切る。

5 器にごはん適量を盛り、3の具とチンゲン菜をのせ、4の卵を添える。

あさりとたら、三つ葉の
ナンプラースープごはん

いつの頃からか、三つ葉が通年お手頃価格で手に入るようになって嬉しい限り。
薬味好きなわたしはいつもたっぷり入れてしまいます。
ナンプラーをめんつゆ代わりに使って、少しだけアジアの風を感じるスープに。

材料 | 1人分

あさり（砂抜き済み）…… 10〜12個（80g）
生たら ………………………………… 1切れ
塩（下ごしらえ用）………………… ひとつまみ
三つ葉 ………………………………… 6本
酒 …………………………………… ¼カップ
A ナンプラー ……………………… 小さじ1
　 レモン汁 ………………………… 小さじ½
　 塩 ……………………………… ひとつまみ
温かいごはん

作り方

1　たらは全体に塩をふり、10分ほど置く。出てきた水気をキッチンペーパーでおさえたら、食べやすい大きさに切る。三つ葉は茎と葉を分け、茎は5mm長さくらいに、葉はざく切りにする。

2　鍋に水1と¼カップとあさりを入れて中火にかける。沸騰したら酒とたらを加えて弱火にし、4分ほど煮る。三つ葉の茎を加え、Aを加えて味をととのえる。

3　器に注ぎ、三つ葉の葉をのせる。ごはん適量を添え、スープに浸しながらいただく。

「ときめくレシピ」のポイント

覚えておきたい火加減・水加減

料理や素材に合わせた火加減・水加減がわかってくると、味も手際も一段とよくなります。調理するときに焦りは禁物。コンロの火の大きさや設定温度、鍋の様子をよく見ながら、落ち着いて作業すれば失敗しません。

料理に慣れた人でも誤解しがちな、4つのポイントについて、改めておさらいを。

中火は炎の先を見る

レシピに多く登場する「中火」は、フライパンや鍋の底に炎の先がちょうどあたるくらいの火加減を指します（IH調理器の温度設定では160〜180℃に相当）。「コンロのつまみの中央に合わせる」ことではないのでご注意を。「弱火」の火の長さは、中火の半分くらい。「とろ火」はそれより弱い火加減を指します。

焼き色をつけたいときは

焼き色をしっかりつけて香ばしさを出したいときには、中火と強火の中間にあたる「中強火」が適しています。また「食材をあまり動かさない」ことも大切。動かしすぎるとフライパンの温度が下がり、食材とフライパンの接する箇所がころころ変わってしまうので、焼き色がつきにくいです。

「ひたひた」と「かぶるくらい」

いずれも鍋で材料をゆでたり煮たりするときの、水や出汁などの分量のことです。「ひたひた」は、具材の表面が水面から見え隠れする状態。具材が煮汁の中で動きにくいので、煮崩れさせたくないときに。「かぶるくらい」は材料が水面に全部隠れる水量で、根菜や豆などをムラなく煮るのに適しています。

煮込み料理はぐらぐらさせない

とくに肉料理の場合、早く火を通そうと強火で煮立たせたり、柔らかくしようと長時間ぐらぐらと煮込むのは逆効果。水分が飛び、たんぱく質が縮むことで食感が悪くなってしまいます。最初は中強火で煮立たせたら、その後は中弱火〜弱火に変えて、水面がふつふつするくらいの温度で煮込んでください。

献立上手になるには

わたしの場合、献立を考えるときには、まず「鶏肉！」「グラタン！」など、食べたい食材やメニューを決めてしまいます。そこにサラダやスープなど、簡単な副菜を1〜2点添えるようなイメージです。和・洋・中・エスニックなど、それぞれの料理のトーンを合わせると、まとまりが出ていい感じに。

火を使う料理と、マリネなどの加熱しない料理、レンジ調理できる料理を組み合わせるのもポイント。同時進行で効率よく作れるように、調理の前に手順を確認してから取りかかりましょう。また、「煮込む」「塩をふって置いておく」などの「待つ時間」をうまく利用して、他の調理を進めるのもコツです。レシピの組み合わせ、工夫してみてくださいね。

Part.
4

明日は、ふたりごはん

「おいしい！」を
大切な人と共有できたら、
きっと幸せ。

特別な記念日も、いつもどおりの一日でも、
ごはんの記憶が積み重なって、
ふたりの日常になっていくでしょう。

ふたりごはんのときも、
調理の段取りを大切に。
あたたかいものはあたたかく、
冷たいものはひんやりと、
おいしいうちに、いただきます。

特別な日のふたりごはん

牛肉のタリアータ

Part.4

明日は、ふたりごはん

白菜とくるみのサラダ
ハニーゴルゴンゾーラ
ドレッシング

いんげんのミントバター

牛肉のタリアータの献立

お互いの誕生日や、嬉しいお祝いの日。
テーブルに華やかなごちそうがあると、
より気分が盛り上がります。
タリアータは火入れにコツがいりますが、
落ち着いて時間どおりに焼けば、はじめてでも大丈夫。
赤ワインの準備もお忘れなく。

▷ 作り方…86〜87ページ

牛肉の
タリアータ

パーティにもぴったりな肉料理は、
肉汁をソースにしてシンプルに。
マスタードやわさびを添えてもおいしい。

材料 | 2人分

牛もも肉（ステーキ用・1.5cm厚さ）……………… 200g
塩（下味用）…………………………… 2g（肉の重量の1％）
ルッコラ ……………………………………………… ½束
オリーブオイル
ハード系のチーズ（パルミジャーノ・レッジャーノなど）

作り方

1. 牛肉は冷蔵庫から出して30分ほど置き、室温に戻しておく。表面の水分をキッチンペーパーでおさえ、両面に塩をふり、手でなじませる。

   > 肉はかならず常温に。冷たいままだと表面だけが焼けて、中まであたたまらないことも。

2. フライパンにオリーブオイル大さじ1を強めの中火で1分半熱し、肉を入れて30秒焼き、ひっくり返して裏側を30秒焼く。弱火にし、ひっくり返して表側を1分半、再び返して裏側を1分半焼く。アルミホイルに取り出して包み、8分休ませる。 **a**

3. 肉をホイルから取り出し、薄いそぎ切りにする。ホイルに残った肉汁は取っておく。

4. 器に盛り、肉汁をかける。ルッコラを添え、チーズをピーラーで薄く削りながらかける。

memo

切った断面が生っぽくなく、ロゼ色に仕上がっていれば大成功！肩ロースでも作れますが、赤身肉のジューシーなうまみを感じられる、もも肉が断然おすすめです。

献立を作る段取り

1 タリアータの牛肉を常温に戻す間に、いんげんの筋を取り、ミントの葉を摘む。白菜をちぎってドレッシングを作る。

2 牛肉を焼き、休ませている間に、同じフライパンでいんげんのミントバターを作る。

3 牛肉を切って肉汁をかけ、タリアータを仕上げる。サラダにドレッシングをかけて仕上げる。

「焼いた時間（今回は4分）の2倍休ませる」のがポイント。これで中までじんわり火が入る。

いんげんの
ミントバター

タリアータを焼いたフライパンで、
肉を休ませている間に作ります。
バターとミントの組み合わせが新鮮。

材料 | 2人分

いんげん	20本
スペアミント（大きめの葉）	20枚
バター	10g
塩	ふたつまみ

作り方

1 いんげんは筋を取る。ミントの葉を摘み取る。

2 タリアータを焼いたフライパンをキッチンペーパーで軽く拭き、いんげんを入れて塩をふる。中火にかけて水大さじ2をふり入れ、沸いたらバターを加えて弱火にし、ふたをして3分蒸し焼きにする。

3 ふたを取って中火にし、いんげんを転がしながら水分を飛ばす。ミントを入れてざっと混ぜる。

白菜とくるみの
サラダ

ハニーゴルゴンゾーラ
ドレッシング

白菜の内側の柔らかな葉を
チコリのように食べるイメージ。
食感のアクセントにくるみを添えて。

材料 | 2人分

白菜（内側の葉）	80g
ゴルゴンゾーラ	5g
くるみ	5個
A 蜂蜜・レモン汁・オリーブオイル	各小さじ2
塩	ひとつまみ

作り方

1 白菜の葉は食べやすい大きさにちぎって、器に盛る。

2 Aをよく混ぜ、小さくちぎったゴルゴンゾーラを加える。

3 1に2を回しかけ、手で割ったくるみを散らす。

れんこんの
メープルバルサミコ

牡蠣とマッシュルームのチャウダー

Part.4

明日は、
ふたりごはん

大根とスモークサーモンの
ケッパーマリネ

牡蠣とマッシュルームの
チャウダーの献立

寒い季節のとっておき。ぷっくり育った牡蠣を、
滋味あふれるチャウダーにしていただきます。
玉ねぎやきのこの出汁も加わって、至福のおいしさ……。
れんこんと大根、ふたつの冬野菜を使った副菜を添えて、
食感にも変化を。

作り方…90〜91ページ

牡蠣とマッシュルームのチャウダー

牡蠣は途中で取り出して
火を通しすぎないようにするのが、
ぷりっとした食感を保つコツ。

> 材料 | 2人分

牡蠣(むき身)	6〜8粒
マッシュルーム	40g
玉ねぎ	¼個(50g)
じゃがいも	½個(80g)
牛乳	1と½カップ
白ワイン	大さじ2
バター	10g
薄力粉	大さじ1
オリーブオイル　塩	

> 作り方

1. マッシュルームは石づきを切り落として汚れを拭く。玉ねぎとマッシュルームはみじん切りに、じゃがいもは1cm角に切る。

2. 牡蠣を洗う。ボウルに水と、水の重量の1.5%の塩を入れて溶かす。牡蠣を入れて、ひとつずつひだの間をなで洗いしてから、貝柱を持って振り洗いする。キッチンペーパーを敷いたバットに取り出し、ペーパーで上から押さえて水気を取る。

3. 鍋に1を入れ、オリーブオイル大さじ½と塩ふたつまみをふって中火で熱する。じゅわじゅわと音がしてきたら弱火にして炒める。玉ねぎとマッシュルームの水分がにじんで、香りが出てきたら、2の牡蠣と白ワインを加えてさっと炒める。バターと薄力粉を入れてさらに炒め、バターが溶けて粉っぽさがなくなったら牛乳を加える。

4. 中火にし、鍋のふちに小さな泡がついてきたら強めの弱火にする。牡蠣に弾力が出てぷりっとしたら、牡蠣をいったん取り出す。水面がふつふつするくらいの火加減で、ときどき混ぜながら、じゃがいもに火が通るまで10分ほど煮る。

   > 牡蠣に火が通りすぎないように、いったん取り出して。盛り付け用の器に取り出しておけば、洗いものが増えずに効率よく調理できます。

5. 塩で味をととのえ、牡蠣を戻してあたためたら、器に盛る。

献立を作る段取り

1. 大根を切って塩をふり、その間にチャウダーの野菜、れんこん、マリネの他の材料を切っておく。メープルバルサミコの調味料を合わせる。

2. 大根の水気を絞ってマリネを仕上げる。れんこんを炒めて仕上げる。

3. 牡蠣を洗い、野菜とともに炒め煮にしてチャウダーを仕上げる。

れんこんの
メープルバルサミコ

バルサミコ酢＋メープルシロップで
軽やかな甘みに仕上げました。
ごぼうやきのこでもよく作ります。

材料 | 2人分

れんこん	200g
にんにく	1片
塩	ふたつまみ
A バルサミコ酢	大さじ1
メープルシロップ	小さじ1
オリーブオイル	

作り方

1 れんこんは5mm幅の輪切りにする。にんにくはつぶす。Aは合わせておく。

2 フライパンにオリーブオイル大さじ1とにんにくを入れ、中火で熱する。にんにくが色付いて香りが出てきたら取り出し、れんこんを入れて塩をふり、混ぜながら炒める。全体に油が回ったら、何度かひっくり返しながら、全体に焼き色がつくまでさらに炒める。

3 Aを加え、からめながら炒める。

大根とスモーク
サーモンの
ケッパーマリネ

見た目もきれいなごちそうマリネ。
ケッパーは漬け汁も
調味料として使います。

材料 | 2人分

大根	1/5本（180g）
塩（下ごしらえ用）	ひとつまみ
スモークサーモン	40g
ケッパー	10粒
ケッパーの漬け汁	小さじ1/2
レモン汁	小さじ1/2
オリーブオイル	

作り方

1 大根は1.5cm幅の薄い短冊切りにし、塩をふってよく混ぜ、しばらく置く。スモークサーモンは食べやすい大きさに切る。ケッパーは粗みじん切りにする。

2 ボウルに1の大根の水気を絞って入れ、オリーブオイル小さじ1/2で和える。残りの材料をすべて加え、さらに和える。

紫キャベツと
レーズンの
マスタードマリネ

アボカドペンネ

Part.4

明日は、
ふたりごはん

スペアリブと
グリーンピースの
ビネガー煮

スペアリブとグリーンピースの
ビネガー煮の献立

ビネガー煮は見た目がっつり、でも食べると
意外とさっぱり。骨付き肉ならではの食べ応えで、
「お肉食べたい！」の欲求を満たしてくれます。
カラフルなマリネとペンネを添えて、ビストロ風に。

▷ 作り方…94〜95ページ　　93

スペアリブとグリーンピースのビネガー煮

実は短い時間でも作れるスペアリブ料理。
煮込み時間25分のレシピです。
肉らしい食感を楽しんで。

材料 | 2人分

豚スペアリブ	4本(400g)
塩(下味用)	4g(肉の重量の1％)
グリーンピース(冷凍)	50g
玉ねぎ	¼個(50g)
にんにく	5g
A 白ワイン	½カップ
米酢	大さじ2
B 蜂蜜	小さじ1
水	½カップ
塩　オリーブオイル	

作り方

1 スペアリブに塩をすりこむ。玉ねぎとにんにくはみじん切りにする。

2 フライパンに1の玉ねぎとにんにくを入れ、塩ひとつまみとオリーブオイル大さじ½を加えて中火にかける。じゅわじゅわと音がしたら弱火にし、5分ほど焦げないように炒める。

3 Aを入れて強火にし、沸騰したら肉とBを加える。再度沸騰したら弱火にし、少しずらしてふたをして15分ほど煮込む。肉の上下を返してさらに7分煮て、グリーンピースを入れて3分煮る。

> 缶詰のグリーンピースを使う場合は、肉と同じタイミングで入れてください。

献立を作る段取り

1 スペアリブに塩をふり、ビネガー煮の玉ねぎとにんにくを切ってフライパンに入れる。

2 マリネの紫キャベツを切って塩もみし、レーズンを入れる。ペンネをゆでる湯を沸かす。アボカドのソースを作る。

3 フライパンを火にかけて野菜を炒め、スペアリブを15分煮る。湯が沸いたらペンネをゆでる。その間に紫キャベツのマリネを仕上げる。

4 スペアリブを返してさらに7分煮込む。ペンネを冷やして水気を切り、ソースと合わせて仕上げる。

5 グリーンピースを加え3分煮込み、ビネガー煮を仕上げる。

紫キャベツと
レーズンの
マスタードマリネ

箸休めにちょうどいいひと皿。
キャベツとは少し異なる
コリッとした食感も楽しいのです。

材料 | 2人分

紫キャベツ	⅛個(100g)
塩(下ごしらえ用)	小さじ¼
レーズン	大さじ1
A 粒マスタード	小さじ2
オリーブオイル・レモン汁	各小さじ½

作り方

1 紫キャベツは5mm幅の細切りにする。ボウルに入れて塩をもみこみ、レーズンを加えて混ぜ、5分ほど置く。

2 1の水気をぎゅっと絞り、Aを加えて混ぜる。

アボカドペンネ

つぶしたアボカドをソースにして。
生ハムやスモークサーモン、
海老などを加えれば主菜にも。

材料 | 2人分

ペンネ	70g
アボカド	½個(70g)
クリームチーズ	30g
ヨーグルト(無糖)	10g
レモン汁	小さじ½
塩	少々
黒こしょう(好みで)	

作り方

1 クリームチーズは耐熱容器に入れ、ふんわりとラップをかけて電子レンジで20秒加熱して柔らかくする。

2 アボカドはフォークなどでつぶし、1のチーズ、ヨーグルト、レモン汁、塩を加えて混ぜる。

3 鍋にたっぷりの湯を沸かし、水の量の1%の塩を加える。ペンネを表示時間どおりにゆで、ゆで上がったら冷水にとる。キッチンペーパーで包んでぎゅっと絞り、水気をしっかりと切る。

4 3を2で和えて器に盛り、好みで黒こしょう適量をふる。

カオマンガイ風 ゆで鶏の献立

いつもと変わらない一日でも、
最後に「おいしい！」って言い合えたなら最高です。
メインとスープを一度に作れるこんな献立なら、
仕事の後でもさっと準備できるかな。
ビール片手におしゃべりして、
明日もぼちぼち頑張りましょう！

なんでもない日のふたりごはん

鶏出汁の搾菜卵スープ

Part.4

明日は、
ふたりごはん

まぐろの
スパイシーポキ

カオマンガイ風ゆで鶏

▷ 作り方…98〜99ページ　97

カオマンガイ風ゆで鶏

放っておけばできあがり。
思い立ったらすぐに作れて、しっとりおいしい、わたしの「お守り」的なレシピです。

材料 | 2人分

鶏もも肉	1枚(300g)
塩（下味用）	小さじ½
きゅうり	½本
しょうがの薄切り	5枚
酒	¼カップ
〈たれ〉	
ナンプラー	大さじ1
米酢	大さじ½
しょうが	15g
オイスターソース	大さじ½
砂糖	3つまみ
水	大さじ1

作り方

1. 鶏肉は両面に塩をすりこみ、常温で10分ほど置く。しょうがを薄切りにし、たれのしょうがはすりおろす。たれの材料はすべて混ぜ合わせる。

2. 鍋に鶏肉がしっかり浸かる量の湯を沸かし、沸騰したら酒としょうがを入れる。再度沸騰したら皮目を下にして鶏肉を入れ、火を止める。ふたをして30分ほど置く。 ⓐ

3. きゅうりは2〜3mm厚さの斜め切りにしてから2〜3mm幅の細切りにする。肉を鍋から取り出し1.5cm幅に切る。

4. 器に3を盛り、たれを添える。

\\ memo //

肉の厚みや気温によっては、火の通りが甘くなることも。その場合、電子レンジで追加過熱してください。鶏肉の厚みが3cm以上ある場合は、肉をトングでつかみ、厚みのある部分を湯の中で30秒ほど泳がせるようにしてから火を止め、全体を湯に入れます。

献立を作る段取り

1 鶏肉に塩をすりこみ、鍋に湯を沸かす。ゆで鶏のたれを作る。

2 鶏肉を湯に入れて30分置く間に、きゅうりを切る。ポキの材料を切って調味料を混ぜ、仕上げる。スープの搾菜を切り、卵を溶く。

3 鶏肉を取り出して切り、ゆで鶏を仕上げる。ゆで汁を使ってスープを仕上げる。

ⓐ 皮面は火が入りづらいので、湯温が下がりにくい底側に向けて入れる。

鶏出汁の搾菜卵スープ

鶏のゆで汁で、もう一品。
おなかをやさしくあたためる、
中華風のスープです。

材料 | 2人分

ゆで鶏のゆで汁	1.5カップ
搾菜	10g
卵	1個
A しょうゆ	小さじ½
ごま油	小さじ¼
塩	ひとつまみ

作り方

1. 搾菜はざく切りにする。卵はボウルに割り入れ、白身を切るように溶く。

   > 菜箸の先をボウルの底につけたまま、左右に手早く動かします。卵のコシが切れ、加熱してもぼてっと固まらない、繊細なかき卵に。

2. 鍋にゆで汁を入れて火にかけ、沸騰したらアクを取る。搾菜とAを加え、味をととのえる。

3. 2を煮立て、溶き卵を少しずつ流し入れて、ふんわりと固まったら器に盛る。

まぐろのスパイシーポキ

ハワイのローカルフードに
コチュジャンを効かせて。
豆板醤できりっと仕上げても◎。

材料 | 2人分

まぐろ(刺身用)	150g
赤玉ねぎ	1/10個(20g)
A マヨネーズ	大さじ⅔
ごま油・しょうゆ	各小さじ1
コチュジャン	小さじ¼
塩	

作り方

1. 赤玉ねぎは粗みじん切りにし、仕上げ用に少し取り分けておく。まぐろは1.5cm角に切る。

2. 1をAで和え、塩で味をととのえる。

3. 器に盛り、仕上げ用の赤玉ねぎを散らす。

ポークソテー
りんご×ジンジャー添えの献立

シンプルなポークソテーも、付け合わせで
変化をつけると「はじめまして」の味に。
ぜひ、りんご×ジンジャーと一緒に口に入れてみて。
ほんの少しのカルダモンが、いい仕事してます。

ポークソテー
りんご×ジンジャー添え

ベーコンミルク
マッシュポテト

桜海老と
カッテージチーズのサラダ

ポークソテー りんご× ジンジャー添え

しょうがとカルダモンが香る
付け合わせで、後味爽やかに。
とんかつ用のロース肉でも作れます。

材料 | 2人分

豚肩ロース肉(1.5cm厚さ) ……………… 2枚(各150g)
りんご ………………………………………… 1/6個(40g)
しょうが ……………………………………………… 10g
[A] 蜂蜜 …………………………………………… 小さじ1
　　レモン汁 ……………………………………… 小さじ1/2
　　カルダモンパウダー ……………………………… ふたふり
塩　オリーブオイル

作り方

1. 豚肉は冷蔵庫から出して30分ほど置き、室温に戻しておく。

2. りんごとしょうがをせん切りにし、オリーブオイル小さじ1で和える。[A]を加えて、さらに和える。

3. 1の豚肉の表面の水分をキッチンペーパーでおさえ、両面にひとつまみずつ塩をふる。フライパンにオリーブオイル大さじ1を強めの中火で1分半熱し、盛り付けるときに表になる面を下にして豚肉を入れ、1分焼き、ひっくり返して1分焼く。弱火にし、ひっくり返して2分焼き、再び返して1分半焼く。ⓐ

4. 器に盛り、2を添える。

献立を作る段取り

1. 豚肉を常温に戻す間に、マッシュポテトの材料を切り、鍋で炒め、じゃがいもと水を入れてゆでる。

2. サラダのドレッシングを作り、レタスを手で割って皿に盛る。ポークソテーのりんごとしょうがを切って和えておく。

3. じゃがいもをつぶし、マッシュポテトを仕上げる。

4. 豚肉を焼き、付け合わせを添えて仕上げる。サラダにドレッシングをかけ、具材をのせて仕上げる。

肉を筋切りすると、そこから肉汁が流れ出てしまうので、そのままで。肉が反る場合は、浮いたところをトングで押さえつけるように焼いて。

ベーコンミルクマッシュポテト

鍋ひとつで仕上げる、ほっとする
おいしさの副菜。チーズを加えても。

材料 | 2人分

じゃがいも	1個(150g)
ベーコン(ブロック)	40g
玉ねぎ	1/8個(25g)
塩	ひとつまみ
A 牛乳	1/4カップ
バター	10g
ナツメグパウダー	ひとふり
塩	ひとつまみ
オリーブオイル ナツメグパウダー	

作り方

1. じゃがいもは1cm厚さのいちょう切りにする。玉ねぎはみじん切りにする。ベーコンは1cm角に切る。

2. 鍋にベーコン、玉ねぎを入れてオリーブオイル小さじ1と塩をふり、中火で炒める。玉ねぎに透明感が出てきたら、じゃがいもと水120mLを加えて強火にする。沸騰したら水面がふつふつするくらいの火加減にし、ときどき混ぜながら8〜10分ほどゆでる。

3. じゃがいもが柔らかくなったら火を止め、マッシャーでつぶす。Aを加え、中火にかけて混ぜながら水気を飛ばす。

4. 器に盛り、ナツメグパウダー適量をふる。

桜海老とカッテージチーズのサラダ

酸味と油を1：3で混ぜた
ヴィネグレットドレッシングで。
レタスは大ぶりに手で割ります。

材料 | 2人分

レタス	1/2玉(150g)
カッテージチーズ	20g
素干し桜海老	大さじ1と1/2
〈ヴィネグレットドレッシング〉	
オリーブオイル	大さじ1
レモン汁・ナンプラー	各小さじ1

作り方

1. ボウルにドレッシングの材料を入れ、ホイッパーでとろみが出るまで混ぜる。

2. レタスは芯の下を薄く切り落とす。4等分のくし形状になるよう、芯に切れ目を入れて手で割り、器に盛る。

3. **2**に**1**をかけ、カッテージチーズと桜海老を散らす。

ぶりのアクアパッツァの献立

食卓がぱっと華やぐアクアパッツァは、
おもてなし料理の定番。切り身を使えば
ウィークデーでも気軽に作れます。
魚、トマト、あさり……
うまみ豊かなスープが、実は影の主役。
白ワインによく合う副菜2品といただきます。

ぶりのアクアパッツァ

Part.4

明日は、ふたりごはん

ほたてのきゅうり柚子胡椒ソース

ウフマヨ

▷ 作り方…106〜107ページ

ぶりの
アクアパッツァ

切り身を使って、加熱時間を短く。
硬くならずにふっくら仕上がります。

材料 | 2人分

ぶり(切り身)	2枚(各70g)
塩(下ごしらえ用)	ふたつまみ
あさり(砂抜き済み)	150g
ミニトマト	8個
黒オリーブ	4粒
にんにく	½片
白ワイン	大さじ4
オリーブオイル　パセリの葉	

作り方

1 下ごしらえをする。ぶりは両面に塩をふって、10分置き、出てきた水分をキッチンペーパーでおさえる。にんにくはつぶす。ミニトマトは半分に切る。パセリの葉適量は刻む。

> 塩をふって出てくる水分をしっかりと拭き取ることで、臭みを取り除きます。この作業で味が大きく変わるので、しっかりと。

2 フライパンにオリーブオイル大さじ1とにんにくを入れ、中火にかける。にんにくの香りが出てきたら、あさりとミニトマト、黒オリーブを入れて白ワインを加える。沸騰したらフライパンの中央を空けてぶりを入れ、弱火にしてふたをし、5〜7分蒸し煮にして火を通す。

3 器に盛り、パセリを散らす。

\\ memo //

アクアパッツァのスープは、魚やあさり、トマトなど、うまみが強い食材のエキスの塊。残ったら、リゾット風のリメイクがおすすめ。ごはんを加えて、鍋でことこと。チーズやオリーブオイルで仕上げたら、なんとも贅沢な締めごはんに。

献立を作る段取り

1 卵をゆでるための湯を沸かす。ほたてに塩をふり、冷蔵庫に置く。柚子胡椒ソースを作る。

2 卵をゆでる間に、アクアパッツァのぶりに塩をふり、材料を切る。ウフマヨのソースを作る。

3 卵を氷水にとって冷やす間に、アクアパッツァのフライパンを火にかけ、ふたをする。ほたてを切って器に並べる。

4 卵の殻をむき、ソースをかけて仕上げる。ほたてにソースをかけて仕上げ、アクアパッツァを器に盛って仕上げる。

ウフマヨ

フレンチの前菜・ウフマヨは
ソースの味付けがカギ。
アンチョビの塩気を効かせて。

> 材料 ｜ 2人分

卵	2個
〈ソース〉	
アンチョビフィレ	1枚(3g)
マヨネーズ	大さじ1
牛乳	小さじ½
レモン汁	小さじ¼
ケッパー	4粒

> 作り方

1 半熟のゆで卵を作る。鍋に湯を沸かし、沸騰したら、お玉に卵をのせてそっと入れる。7分ゆでたら取り出し、氷水で冷やして殻をむく。

2 ソースを作る。アンチョビは包丁でまな板に押し付けるようにしてペースト状にし a 、残りのソースの材料と混ぜる。

3 器に1を盛り、2のソースをかけ、ケッパーをのせる。

a 包丁でまな板にアンチョビを押し付けながら、少しずつ手前に引いてペーストにする。チューブのアンチョビペーストでもOK。

ほたての きゅうり 柚子胡椒ソース

南米の魚介マリネ・
セビーチェ風の味わいで。
ほたての甘みを柚子胡椒が引き立てます。

> 材料 ｜ 2人分

ほたて貝柱(刺身用・大)	8個(約200g)
塩	ひとつまみ
きゅうり	½本(50g)
A　ナンプラー・レモン汁	各小さじ½
柚子胡椒	小さじ⅛
水	小さじ1
オリーブオイル	

> 作り方

1 ほたては全体に塩をふり、キッチンペーパー、ラップの順に包んで冷蔵庫に10分置く。

2 きゅうりはすりおろして水気をしっかりと絞り、Aと合わせる。

3 1の厚みを半分に切り、器に並べる。2のソースをのせ、オリーブオイル適量を回しかける。

107

おわりに

　元気はつらつ！ 順調！ な日ばかりだといいのだけれど、毎日はそうもいかなくて。
うまくいかずに、しんどい夕暮れを迎える日も、まああります。

　そんな一日の終わりに「何を食べようかな」と考えるのは、頭のチャンネルを切り
替えるのにとても有効。
　お店で食べたり、買って帰ったり、わたしたちが暮らす世界には選択肢がたくさん
用意されています。

　でも、その選択肢の間をうろうろして「何か違うんだよなぁ」という困った気持ち
になることも、わたしには多々あって。

　鍋に材料を放り込んで火にかけるだけ、とか、塩をふって肉を焼くだけ、とか、そ
んな簡単なものだとしても、自分の「今、食べたい感じ」を自分で用意できるのって、
心の隙間をじんわり満たすような満足感や、「わたしは大丈夫」と思える安心感につ
ながると思うのです。

　ちょっと変わっているわたしのレシピだけれど、「これ、おもしろそう」と料理を
するきっかけになり、料理となかよくなっていくことで、そんな感覚を手に入れられ
るようになったら嬉しいな、といつも思っています。

　この本が、ちょっと風変わりで愉快な友達のように、みなさんの毎日に寄り添えま
すように。

藤 本 早 苗

食材別索引

今、いちばん食べたいものは何？　冷蔵庫には何がある？
今夜のメニューを決めるときの参考にしてください。

肉・肉加工品

合いびき肉、豚ひき肉	40,66
牛薄切り肉	36
牛もも肉	86
コンビーフ	62
鶏ささ身	30
鶏手羽先	64
鶏手羽元	12
鶏もも肉	8,28,77,78,98
生ハム	20
豚薄切り肉	19
豚肩ロース肉	102
豚こま切れ肉	32,80
豚スペアリブ	94
ベーコン	65,76,103

魚・魚介類・水産加工品

あさり	81,106
いか、ボイルいか	14,46
牡蠣	90
釜揚げしらす	54,74
塩鯖	26
ししゃも	48
素干し桜海老	60,103
スモークサーモン	91
鯛	16,42
たらこ	73
生鮭	38
生たら	81
ぶり	106
ほたて貝柱	107
まぐろ	99
むき海老	34,70
ゆでだこ	43

野菜

赤玉ねぎ	36,48,99
アボカド	30,95
いんげん	52,87
かぼちゃ	76
キャベツ	10,65
きゅうり	30,36,98,107
ごぼう	80
じゃがいも	52,90,103
春菊	18
ズッキーニ	34,77
セロリ	62
大根	91
玉ねぎ	14,28,38,62,65,74,76,77,78,80,90,94,103
チンゲン菜	80
トマト	8,36,46,78
茄子	32,50
にら	64
人参	55
ねぎ	60
白菜	87
パクチー	16,36
ピーマン	40,54
ブロッコリー	44
ほうれん草	42
ミニトマト	26,72,106
茗荷	19,43,73
紫キャベツ	95
ライム、ライムの搾り汁	16,18,30
ルッコラ	86
レタス	103
レモン、レモン汁	10,22,34,36,40,44,66,68,70,72,73,74,81,87,91,95,102,103,107
れんこん	12,91

果物

いちご ……………………… 22
いちじく …………………… 50
オレンジ …………………… 23
キウイフルーツ …………… 16
梨 …………………………… 49
りんご ……………………… 102

きのこ

椎茸 ………………………… 38
しめじ ……………………… 28
舞茸 ………………………… 68
マッシュルーム ………… 20,90

卵・豆・ナッツ

アーモンド ………………… 66
カシューナッツ …………… 52
絹ごし豆腐 ……………… 47,60
グリーンピース …………… 94
くるみ ………………… 50,55,87
卵、ゆで卵 ………… 20,44,47,62,
　　　　　　　　　78,80,99,107
豆乳 ………………………… 60
ナッツ …………………… 14,36
むき甘栗 …………………… 68

乳製品・チーズ

おろしチーズ、粉チーズ
　　………… 34,52,62,74,76,77
カッテージチーズ ……… 70,103
牛乳 ………… 20,68,90,103,107
クリームチーズ ………… 55,95
ゴルゴンゾーラ ………… 68,87
シュレッドチーズ ………… 34
生クリーム ………… 10,28,38,68
ハード系のチーズ ……… 20,86
バター … 44,55,65,70,87,90,103
モッツァレラチーズ …… 22,23
ヨーグルト、
　ギリシャヨーグルト … 40,95

調味料（基本調味料は除く）

アンチョビフィレ ……… 44,107
オイスターソース
　　……………… 19,47,64,80,98
黒酢 ………………………… 60
ケッパー ………………… 91,107
コチュジャン ……………… 99
米酢 …………………… 94,98
白ねりごま ………………… 50
白ワイン ………… 12,14,28,38,62,
　　　　　　　　74,76,77,90,94,106
豆板醤 ……………………… 48
トマト水煮（カットタイプ）、
　トマトペースト ……… 14,62
ナンプラー …… 18,36,40,60,81,
　　　　　　　　　98,103,107
蜂蜜 ………………… 87,94,102
バルサミコ酢 …………… 26,91
マヨネーズ ………… 30,99,107
メープルシロップ ……… 50,91
柚子胡椒 ………………… 49,107
ラー油 ……………………… 60

スパイス・ハーブ

五香粉 …………………… 32,80
大葉 ………………………… 52
カルダモンパウダー
　　……………… 22,70,77,102
カレー粉 …………………… 78
クミンシード …… 10,55,65,78
山椒 ……………………… 23,42,74
シナモンパウダー ………… 76
しょうが ………… 14,19,43,64,
　　　　　　　　77,78,80,98,102
タイム …………………… 12,34
粒マスタード ………… 12,28,95
ディル …………………… 30,49,70
ナツメグパウダー …… 8,38,103
にんにく ………… 40,52,66,72,78,
　　　　　　　　80,91,94,106
パセリ …………………… 66,106
パプリカパウダー ………… 40
三つ葉 ……………………… 81
ミント …………………… 40,87
ローズマリー ……………… 62

その他

赤じそふりかけ …………… 46
梅干し ……………………… 46
黒オリーブ ………………… 106
餃子の皮 …………………… 70
搾菜 ……………… 19,47,60,99
春雨 ………………………… 64
レーズン …………………… 95

藤本早苗

ケータリングや企業へのレシピ提供など、食にまつわるさまざまな仕事に携わる。また「さなえごはん」として、InstagramやXでもおいしい情報を発信中。手軽なのに華やかで、思わず「作ってみたい！」と感じるような、季節ごとの「ときめくレシピ」が多くのフォロワーに支持されている。食いしん坊かつ呑兵衛で、好きな食べ物は鶏もも肉。書籍『わたしに優しい米粉とみりんのお菓子と料理』（日東書院）では料理部門のレシピ作成を担当。

Instagram　@sanaegohan
X　https://x.com/sanae_foodgeek

Staff

スタイリング……………佐々木カナコ
デザイン…………………細山田光宣、藤井保奈（細山田デザイン事務所）
イラスト…………………SHOKO TAKAHASHI
文…………………………高城直子
調理アシスタント………宮川久美子
撮影………………………菊地 董（家の光協会）
校正………………………ケイズオフィス

毎日がときめくひとりごはん
（ときどき、ふたりごはん）

2025年3月20日　第1刷発行

著　者　藤本早苗

発行者　木下春雄

発行所　一般社団法人 家の光協会
〒162-8448　東京都新宿区市谷船河原町11
電話　03-3266-9029（販売）
　　　03-3266-9028（編集）
振替 00150-1-4724

印　刷　株式会社東京印書館

製　本　家の光製本梱包株式会社

乱丁・落丁本はお取り替えいたします。定価はカバーに表示してあります。本書のコピー、スキャン、デジタル化等の無断複製は、著作権法上での例外を除き、禁じられています。本書の内容の無断での商品化・販売等を禁じます。

©Sanae Fujimoto 2025 Printed in Japan
ISBN 978-4-259-56831-3 C0077